Josef Chavanne

Afghanistan

Mit Rücksicht auf den Englisch-Afghanischen Krieg

Josef Chavanne

Afghanistan
Mit Rücksicht auf den Englisch-Afghanischen Krieg

ISBN/EAN: 9783744657891

Hergestellt in Europa, USA, Kanada, Australien, Japan

Cover: Foto ©ninafisch / pixelio.de

Weitere Bücher finden Sie auf **www.hansebooks.com**

AFGHANISTAN.

MIT RÜCKSICHT AUF DEN

ENGLISCH-AFGHANISCHEN KRIEG

GESCHILDERT VON

DR. JOSEF CHAVANNE.

MIT 6 ILLUSTRATIONEN UND 1 KARTE.

WIEN. PEST. LEIPZIG.
A. HARTLEBEN'S VERLAG.
1879.
ALLE RECHTE VORBEHALTEN.

In compliance with current copyright law, the University of Minnesota Bindery produced this facsimile on permanent-durable paper to replace the irreparably deteriorated original volume owned by the University of Minnesota Library. 2003

Was leicht vorauszusehen und nach der Antwort des Emirs Schir Ali auf den Brief des Vicekönigs von Indien nicht anders zu erwarten war, ist eingetroffen; der Emir von Kabul hat das an ihn gerichtete Ultimatum der indo-britischen Regierung unbeantwortet gelassen, damit jede Genugthuung verweigert. Zur Stunde rücken bereits die indo-britischen Truppen auf drei Operationslinien gegen die beiden wichtigsten Positionen Afghanistans, Kabul und Kandahar vor, erfochten sie schon einen Sieg, indem sie das die Kaibarpässe sperrende Fort Ali Musdschid eingenommen und die Pässe selbst forcirt haben, und auch auf den beiden anderen Operationslinien im Kurumthale und von Quettah aus ohne nennenswerthen Widerstand bis Kurumfort und Pischin vorgedrungen sind.

Der Ausbruch des englisch-afghanischen Krieges wird es wünschenswerth erscheinen lassen, über den Schauplatz dieses Krieges, das Land Afghanistan, seinen Naturcharakter, seine natürlichen Hilfsquellen, seine Bewohner, deren Gebräuche, Sitten, die socialen und politischen Verhältnisse im Lande, die Wehrkraft des Landes orientirt zu sein.

In nachstehenden Zeilen soll es versucht werden in gedrängten Zügen eine alle diese Momente berücksichtigende Skizze von Afghanistan und seinen Völkerschaften zu unternehmen. Der zeitgeschichtlichen Veranlassung dieser Zeilen entsprechend sollen besonders die Bodenverhältnisse und die Communicationswege, soweit durch dieselben die strategischen Operationen bedingt sind, erörtert werden, ferner die Geschichte des englisch-afghanischen Conflictes und des ersten englisch-afghanischen Feldzuges 1848—1842 in Kürze dargelegt werden.

Geographische Lage, Grenzen, Grösse des Landes.

Wenn wir im Tieflande des Indus den Strom aufwärts von Karatschi bis Peschawar wandern, so ist auf der ganzen Strecke unser Blick nach Westen durch einen fast ununterbrochenen, bald näher an uns herantretenden, bald weiter zurückweichenden Gebirgswall gefesselt, dessen uns zugekehrter Abfall, je höher wir nach Norden dringen, immer steiler und mauerartiger, wilder und zerklüfteter wird. Diese Gebirgsmauer bezeichnet die äusserste östliche Wallkante des mächtigen Hochlandes von Iran, dessen Osthälfte das in Frage stehende Land Afghanistan und das südliche Nachbarland Balutschistan einnimmt. Geographisch und physikalisch wie geschichtlich und sprachlich bildet das Land der Afghanen (von diesen selbst als Urlajat bezeichnet, während Afghanistan nur der persische in allgemeinen Gebrauch gekommene

Name des Landes ist) den Uebergang vom Tieflands-System des Indus zu Westasien. Vor dem Jahre 1872/73 im Norden durch die Kammlinie des Hindukusch begrenzt, reicht es gegenwärtig im Norden in den Landschaften Badakschan und Wakhan bis an das linke Oxus- oder Amu Darja-Ufer und in das Quellgebiet des Oxus. Durch Vereinbarung zwischen der russischen und englischen Regierung 1872/73 wurde Folgendes über die Nordgrenze Afghanistans festgesetzt: als zu Afghanistan gehörig gelten: Badakschan mit dem von ihm abhängigen Bezirke Wakhan vom Sirikul im Osten bis zum Zusammenflusse der Koktscha mit dem Oxus (Amu Darja), der die nördliche Grenze dieser Provinz ihrer ganzen Ausdehnung nach bildet; das afghanische Turkestan, welches die Districte Kundus, Chulm und Balch umfasst und dessen Nordgrenze der Oxus auf seinem Laufe von der Einmündung der Koktscha nahe bis zur Poststation Chodscha Salih auf der Strasse von Balch nach Buchara bildet; die inneren Bezirke Aktscha, Siripul, Schibergan, Andchui, von denen der letztere die äusserste afghanische Besitzung im Nordwesten darstellt. Im Osten wird Afghanistan von dem früher dazugehörigen Peschawar und dem Fünfstromlande (Pendschab); im Süden von Balutschistan; im Westen durch das persische Chorassan und die Wüste Bahsu, im Norden durch das Turkmenengebiet, Maimene, Buchara, Ost-Turkestan und Kafiristan-Kohistan begrenzt. In dieser Begrenzung dehnt sich das heutige Afghanen-Reich von 29—37$\frac{1}{2}$° nördlicher Breite und von 61—75° östlicher Länge von Greenwich aus und bedeckt einen Flächenraum von 721.000 Quadrat-Kilometer. Dieses weitläufige Reich zerfällt in mehrere durch die Bodenconfiguration, sowie durch die Geschichte bedingte Theile (Landschaften), und zwar sind dies im Westen Gardschistan, südlich davon Ghur oder Ghuridschistan (so genannt nach der Dynastie der Ghuriden) und weiterhin im Süden das Land am Hamun- und Zarehsumpfe, das wüste Seistan, an das sich im Norden das wenig bekannte und erforschte Gebirgsland Hesare schliesst, südlich von ihm die Hilmendlandschaften Samindawar, Garmsel, Girischk und Schorawak; östlich davon dehnt sich das eigentliche Afghanistan aus, in welchem man im Nordosten die Hochterrasse von Kabul oder Kabulistan (das Zabulistan der Alten), im Südosten die Landschaft Siwistan unterscheidet.

Werfen wir nunmehr einen Ueberblick über die verticale Gliederung des Bodens.

Orographische Verhältnisse. Verticale Gliederung des Bodens.

In seiner Gesammtheit betrachtet, kann man Afghanistan als ein von einzelnen Bergketten und Massiven durchzogenes Hochplateau bezeichnen, wie es denn auch nur die Osthälfte des grossen Iranischen Plateaus ist. Nach Osten gegen die Tiefebene des Indus senkt sich das Plateau in mehrere durch parallel- und meridianartig verlaufende Gebirgsketten getrennte stufenförmige Terrassen herab, die innerste, d. h. westlichste Gebirgskette, die höchste Stufe des Plateaus begrenzend, ist unter dem Namen der Solimankette (Soliman

Das Sollingsgebirge.

Kuh) bekannt, sie erhebt sich zu einer mittleren Kammhöhe von 3000 Meter und aus ihr ragen zahlreiche Pics zu ansehnlicher Höhe empor; das ganze Gebirgssystem culminirt im Tukht i Soliman (Thron des Salomon) von den Bewohnern Siwistans Khaīsa ghar genannt, in 3444 Meter Seehöhe. Die durchschnittliche Entfernung dieser höchsten Kette vom Indus beträgt 100 Kilometer. Nach Süden senkt sich das ostiranische (afghanische) Plateau in ähnlichen stufenförmigen Terrassen gegen das Meer (Arabisches Meer), den südlichen Nachbarstaat Balutschistan ausfüllend, die indessen weniger scharf ausgeprägt sind wie die vorher erwähnten und zum geringsten Theile bisher erforscht sind. Nach Westen, insbesondere nach Südwesten senkt sich das afghanische Hochland in auffallender Weise und erreicht im Becken des Hamunsumpfes seine grösste Depression. Während nämlich die durchschnittliche Meereshöhe des afghanischen Plateaus 1850—1900 Meter beträgt, liegt der Spiegel des Hamunsumpfes und das ihn einschliessende Land nur 365 Meter über dem Spiegel des indischen Oceans. Nach Norden endlich fällt das afghanische Plateau im steilen Abfall zu der tief eingeschnittenen Thalebene des Oxus ab. Ueber diesem mehr als drei Viertel des ganzen Flächenraumes Afghanistans einnehmenden Plateau ragen nun im nördlichen Theile des Landes, einer Riesenmauer gleich, die Massen des Hindukusch, Kuhi Baba, des Sija Kuh, des Ghurgebirges und Kuhi Kaitu empor. Vom Massiv des über 7000 Meter hohen Puschtikur an der dreifachen Grenze zwischen Afghanistan, Kohistan und der unabhängigen Landschaft Tagdumbusch zieht als westliche

Fortsetzung der Karakorumkette des Himalajagebirges die gewaltige Masse des Hindukusch mit ihren Schneegipfeln und unwegsamen Zerklüftungen. Vom Centralstocke des Puschtikur nach Süden zweigt sich ein zweiter mächtiger Gebirgskamm ab, der das Thal des Indus von jenem des Kunar trennt, und von der Hauptkette des Hindukusch das merkwürdige und schwer zugängliche Alpenland von Kafiristan rahmenartig umschliesst. Die südlichen Ausläufer beider begleiten den Lauf des Kabulflusses von der Hochterrasse von Kabul über die Thalstufen von Dschellalabad zu jener von Peschawar. Die höchsten Erhebungen des Hindukusch liegen jenseits der Region des ewigen Schnees und mehrere erreichen selbst 6000 Meter. Den Lauf des Kabulflusses (der Cophes der Alten) begleitet im Süden ein anderer mächtiger Gebirgszug der Sefid Kuh (Weisse Berge, Spin Ghar der Afghanen), dessen Culminationspunkte im Südwesten von Dschellalabad 4761 Meter Höhe erreichen. Einem Knoten gleich, der den Hindukusch mit den westlichen Ghurbergen, dem Sefid Kuh u. s. w., verbindet, eine Art Centralstock für Afghanistan, erhebt sich im Quellgebiete des Hilmend- und Kabulflusses der Kuhi Baba (Mutter der Berge) mit in die Region des ewigen Schnees bis zu 5181 Meter aufsteigenden Spitzen. Dem Kuhi Baba schliessen sich nach Westen zwei parallele Reihen von Erhebungen an, die Thalfurche des Herirud und Herat bildend, es sind dies im Norden der Sefid Kuh (in der alten Geographie als Paropamisus bekannt) und das Ghurgebirge mit seiner Fortsetzung gegen Chorassan, dem Kuhi Kaitu, im

Süden der Sija Kuh, der in mehreren breiten Terrassenstufen, welche durch parallele Gebirgsketten deutlicher markirt werden, mit seinen Terrassen, Gipfeln und Gebirgsrücken das ganze Gebiet zwischen Herat und Kabul, das ganze noch unerforschte Land der Hesaro (fast den vierten Theil Afghanistans) ausfüllt. Die Ausläufer dieser Gebirgsmasse reichen bis zum Nebenflusse des Hilmend, Argandab und culminiren im Kuh i Pandsch mit 3657 Meter Höhe.

Zwischen den beiden grossen Höhenzügen, dem durch den Kuhi Baba verbundenen Hindukusch und Sija Kuh und der Solimankette, welche das eigentliche afghanische Hochland fast in einem rechten Winkel einschliessen, laufen in diagonaler Richtung von Nordost nach Südwest eine Reihe längerer und kürzerer Gebirgsrücken, wie die Gulkette, das Gondar, Ghati, Kand, Toba und Amrangebirge, unter welchen das letztere den Zugang zu Kandahar sperrende Amrangebirge das bedeutendste ist und eine mittlere Kammhöhe von 2590 Meter zeigt. In landschaftlicher Hinsicht ist das eigentliche Kabulistan nur ein Gewirre von Bergen, welche durch eine grosse Zahl von rauhen und engen Thälern durchschnitten werden, ganz Afghanistan ist nur hie und da von malerischen, fruchtbaren und wasserreichen Thälern durchkreuzt, im Uebrigen aber ödes, steiles Hochland, das den zahlreichen Heerden nur magere Weidegründe bietet.

Die Weltstellung Afghanistans.

Der Charakter Afghanistans als Bindeglied zwischen der indischen und westasiatischen Welt einerseits und als beherrschende Position der Pässe zum fruchtbaren Industhale und zu West-Iran involvirt auch seine Weltstellung, seine grossartige Bedeutung in der Völkergeschichte Asiens.

Das schmale Ufergebiet des Hilmend auf seinem gewundenen Zuge durch die Einöden des nach Südwest sich stetig verflachenden Hochlandes bildet einen wirthlicheren Isthmus, der der wahre und einzige Völkersteig zwischen Vorder- und Hinterasien ist, auf welchem Völker und Karawanen von jeher wie Kriegsheere hinüberwanderten durch die wüsten und kalten Hochsteppen aus Afghanistan nach Chorassan und Farsistan zum Caspischen oder Persischen Meere, jedesmal durch das wilde Seistan. Dieser Weg ist, wie die Geschichte bis in die älteste und graueste Vorzeit zeigt, das einzige gangbare Bindeglied zwischen Iran, Turan und Hindostan, und mit Recht nennt Carl Ritter die Landschaften von Kandahar und Kabul das Durchzugsland nach Vorderasien, weshalb wir auch seine Weltstellung näher in's Auge fassen wollen. Hier in diesen Landschaften drängen sich die meisten Oasengruppen, die grössten Wasserflächen und die ausgedehntesten Weideflächen zusammen, hier setzt die Unwirthlichkeit des Hochlandes dem Reisenden geringere Schwierigkeiten in den Weg, und darum auch wurden Kandahar und Kabul zum grossen eigentlichen Ueberlandweg von Mittelasien. Dies ist durch die locale Configuration bedingte Individualität dieser Hochlandsflächen, welche direct und indirect einen bedeutsamen Einfluss auf den Gang der Geschichte und die Entwickelung der ethnographischen Verhältnisse Asiens hatte. Alexander der Grosse so gut wie der Schah Nadir (1739) mussten auf ihren indischen Eroberungszügen ebenso, wie alle zwischen beide fallenden Unternehmungen, die nach Indien gerichtet waren, diese Strasse verfolgen. Sultan Mahmud (1000 n. Chr.) verbreitete von Ghusni aus den Islam und konnte von da seine ungemessene Herrschaft über den Osten erweitern. Timur, der Beherrscher von Hochasien 1398, musste zuerst Herr von Kabul sein, um bis zum Ganges vordringen zu können, und Baber-Khan, der Gründer des Mongolenreiches zu Delhi 1520, sammelte zuerst seine Macht als Sultan von Kabul. Das Volk der Puschtauneh, die modernen Afghanen, bilden daher seit Jahrhunderten das mächtige Zwischenreich auf der Scheide zwischen Indien und Persien, von wo aus sie sowohl in Ispahan als auch in Delhi als Gebieter des Durchzugslandes gleich gefürchtet werden mussten. Ihre Colonien überflutheten daher auch leicht alle Nachbarstaaten, längst schon ehe sie zu einem selbstständigen Reiche wie gegenwärtig vereinigt waren, da sie einst wie jetzt noch die Pässe und Schlüssel zu den Pforten der Nachbarländer besitzen. Der constante Durchgang aller Producte, Kriegszüge und Raubhorden und der damit verbundene Umtausch zwischen den entferntesten Gebieten, stempelt Land und Volk mit einem eigenthümlichen Charakter. Die Berechtigung des indischen Sprichwortes, dass kein Mensch Herr von Hindostan werden könne, der nicht vorher

Herr von Kabul sei, ist damit augenscheinlich bewiesen.

Seit 1747 hat Achmed Schah Abdallah hier an dieser grossen Völkerstrasse im Lande der Bergweiden auf der Hochterrasse von Kabulistan, wo Pferde und Kameele den Hauptreichthum der Horden ausmachen, mit seinen Reiterschaaren das neue Afghanen-Reich gegründet. Die wenigen Hauptorte des ausgedehnten ostiranischen Plateaus, welche zugleich Cultur-Oasen und Zwischenstationen des Welthandels sind, liegen insgesammt auf dieser grossen Zuglinie. Es sind Kabul, Ghusni, Kandahar und Herat an der Königsstrasse, die 640 Kilometer lang in Eilmärschen wohl in 10—12 Tagen, im gewöhnlichen Karawanenschritt in 30—40 Tagen zurückgelegt wird.

Für die Richtigkeit dieser Thatsache ist der gegenwärtige und der erste so unglücklich beendete englisch-afghanische Feldzug ein sprechender Beweis. Volle Sicherheit des Besitzes und Ruhe wird England in Indien erst dann beanspruchen können, wenn es die Ausfallsthore nach Indien in seinen Händen hat, d. h. wenn seine Vedetten auf den Höhen der zahlreichen über den Hindukusch führenden Pässe stehen, wenn es ferner Herr von Kabul und der aus dem Kurum in das Logarthal führenden Pässe sein wird. Allerdings würden solche Aspirationen Englands die gleichen Russlands in Asien kreuzen, denn ohne auf vorläufig utopische Träumereien von der Eroberung Indiens irgend welchen Werth zu legen, wird eine unbefangene Betrachtung zu der Erkenntniss führen, dass auch für Russland die Kamm- und Passhöhen des Hindukusch die heissersehnte und mit allen Mitteln angestrebte Grenze seiner centralasiatischen Besitzungen bilden. Diese (wir möchten sagen) Congruenz der beiderseitigen Interessensphäre birgt natürlich den Keim zu fortwährenden Conflicten in sich, von welchen der gegenwärtige nur ein aus dem Krater des Vulkans entströmender Feuerstrahl ist.

Die Pässe und Hauptlinien des Verkehrs.

Wir werden der Weltstellung und Bedeutung des Landes sofort durch einen Blick auf die Karte gewahr und finden, dass Afghanistans Grenzen für die Vertheidigung sehr günstig verlaufen. Gegen Osten ist die Hochterrasse von Kabul und die Terrasse von Ghusni (das eigentliche Kabulistan) durch das in drei parallelen Ketten verlaufende Solimangebirge gedeckt; jenseits des Kurumflusses setzt sich der natürliche Grenzwall im Chatak- und Kaibargebirge fort. So pittoresk sich der steile Ostabfall der Solimankette vom Industhale her ausnimmt, aus welcher der bis 3444 Meter Höhe sich erhebende, bis in den Sommer hinein mit Schnee bedeckte Gipfel des Tukht-i-Soliman (Thron des Salomon) wie eine Warte in den wolkenlosen Himmel emporragt, so bietet es aber auch durch seine kahle, wasserarme Natur und den steilen Abfall dem Vordringen von Heeresmassen das wirksamste Hinderniss. Von den fünfzig Pässen, welche über das Gebirge gegen das Innere des Landes führen, sind nur zwei, der Guleripass im Thalwege des Gomal, und der Kurumpass im Thalwege des Kurumflusses, für Fuhrwerke und

Lastthiere practicable, während die übrigen weniger benützt werden und grosse Schwierigkeiten entgegensetzen. Mit der Ueberwindung dieser ersten beiden Passengen ist indess nur der erste natürliche Widerstand besiegt; bevor eine Heeresmacht das Ziel ihrer Operationen, die **Hochterrasse von Kabul,** die Residenz des Emir, erreicht, muss sie, im Thal des Gomal vordringend, mehrere **Pässe,** darunter die über das Konakgebirge führenden **Sargo** und **Sarwandipässe,** im **Kurumthale** aufwärtsstrebend drei Pässe, den **Darwasa, Paiwar** und **Schutargardan-Pass** überwinden, ehe sie die Terrasse von Kabul ersteigen kann.

Der Kurumpass wurde wiederholt von Invasions-Armeen bei verschiedenen Anlässen benützt und hat demnach historisches Interesse. Die Passwege des Kurumthales sind nur auf eine kurze Strecke an die Thalsohle des Flusses gebunden, den weitaus grössten Theil des Laufes strömt der Kurum in unpassirbaren engen Schluchten. Nachdem er das ganze Gebirgs-Territorium östlich des die Hochterrasse von Ghusni einnehmenden **Jadrar-Gebirges,** in dem seine Quellen liegen, bewässert hat, strömt der Kurum dem Indus zu, den er unterhalb **Isa-Kheil** erreicht. Die indisch-afghanische Grenzstation **Thall** liegt an seinen Ufern. Von hier dem Kurumpass zuschreitend, kreuzt die Strasse zuerst eine Wildniss steiniger Hügeln und tritt dann in das Kurumthal ein. Hier eilt der klare, reissende Fluss, der aus den fichtenbeckten Abhängen des Sefid Kuh zahlreiche Zuflüsse erhält, in einem felsigen, starkgewundenen Bett dem tiefergelegenen cultivirten Gebiete gegen Bannu zu, über welches zahlreiche Dörfer zerstreut liegen, deren jedes eine prächtige Gruppe von Platanenbäumen besitzt. Mächtige waldbedeckte Berge begrenzen nach Norden, Süden und Westen den Blick. Circa 40 Kilometer oberhalb Thall verlässt die Strasse das Flussthal und übersetzt im Darwasapass einen Höhezug, jenseits dessen die Strasse den Fluss erst wieder bei dem Fort Kurum erreicht. Dieses Fort besteht aus einer in Quadratform angelegten Festungsmauer mit runden Thürmen an jeder Ecke und in der Mitte jeder Front, ein inneres kleineres Viereck bildet die Citadelle. Die afghanische Garnison der Festung untersteht einem Naib oder Gouverneur, dem das Einheben der Landtaxe und Transitzölle für den Emir obliegt. Kurum, 200 Kilometer von Ghusni und 150 Kilometer von Kohat (in der Luftlinie) entfernt, war der ursprüngliche Sitz der Regierung von Ilduz, dem Lieutenant Mohamed Ghori's, welcher von 1193—1205 n. Chr. Hindostan regierte und hier in Kurum Geld prägen liess. Das Land ringsumher ist reich an herrlichen Gruppen von Platanenbäumen von grosser Höhe und Schönheit und der Boden fruchtbar, doch sind diese Vortheile illusorisch, da drei Mann Wache halten müssen, um feindliche Ueberfälle abzuwehren, während einer den Boden bearbeitet. Das Thal des Kurum wird nämlich von Thall bis Kurumfort von Turis und Zymukht-Afghanen höher hinauf von Jagis bewohnt, alles grosse Räuber, obwohl fleissige Ackerbauer; dazu sind die Turis schiitischer, die Jagis sunnitischer Confession, daher erbitterte Gegner, so dass Fehden und Blutvergiessen nicht aufhören.

Wenige Kilometer oberhalb des Forts verlässt die Strasse neuerdings den Kurumfluss und beginnt zum Paiwarpass aufzusteigen, sie durchzieht zumeist Fichten- und Cederwaldungen und erklimmt in 2000 Meter Höhe die Passhöhe. Die Dörfer an der Passstrasse bestehen nur aus wenigen befestigten Häusern, in abgeschlossenen Schluchten, aber meist an Stellen angelegt, von welchen die Strasse beherrscht werden kann und sind mit Auslugthürmen versehen. Um zu dem dritten nach dem Logarthalo führenden Passe Schutargardan zu gelangen, führt die Strasse jenseits des Paiwarpasses durch ein enges, schlangenförmig gewundenes Defilé, Hazardarakht genannt, die Kalksteinhöhen zu beiden Seiten des Defilés sind mit Fichten und Cedern, Tannen, einigen Eichen, wilden Rosensträuchen und süssen Labiaten bedeckt. Am westlichen Ausgange des Defilés beginnt auch schon der Aufstieg zum Schutargardanpass, der zum höchsten Plateau des Landes (3500 Meter Seehöhe zwischen den Quellen des Kabul und Ghusniflusses) führt, das während sechs Monaten mit Schnee bedeckt bleibt, die übrige Jahreszeit die Weideplätze für die Ghilzai abgiebt. Dasselbe ist mit kurzem süssen Grase, verkrüppeltem Gesträuch von Artemisia und mit Orchideen bedeckt. Ist der Pass von Schutargardan überwunden, so steigt man von Hazar ab in das fruchtbare Logarthal hinab, in welchem die von Ghusni nach Kabul führende Landstrasse dem Logarflusse entlang zieht. Aehnliche Verhältnisse zeigt der Gomal- oder Guleripass, der von den tapferen Povindah-Kaufleuten benützt und von den Wasirai-Räubern unsicher gemacht wird.

Jenseits des Kurumflusses bilden das Salzgebirge (aus welchem Steinsalz in grossen Quadern ausgebrochen wird) und zwischen dem Indus und dem Kabulflusse die Chatakberge, ein wildes Gebirgsland, das nach Prof. Trumpp noch im April auf den Gipfeln Schnee trägt, mit ihrer westlichen Fortsetzung den Kaibarbergen den Grenzwall. Diese Kaibarberge können als die östlichen Ausläufer des bis zu 4761 Meter Höhe ansteigenden Sefid Kuh angesehen werden, denn vom Hauptstamme dieses Gebirges zweigt sich eine Kette südlich gegen den Kurum, die andere nördlich gegen den Kabulfluss ab. Die nördliche Abzweigung überschreiten wir aber in den geschichtlich berühmten und jetzt so viel genannten Kaibarpässen, durch welche die Strasse von Peschawar nach Dschellalabad und Kabul führt. Für Afghanistan und die wilden Bergstämme, welche die Kaibarpässe bewohnen, waren bis zur Eroberung Peschawars im Jahre 1849 durch die Engländer diese Pässe das Hauptausfallsthor, aus welchem die Afghanen nach Indien vordrangen. Als daher die Engländer im Jahre 1849 zugleich mit der Unterwerfung der Sikhs des Pendschab sich der vorher zu Afghanistan gehörenden Stadt Peschawar bemächtigten, geschah es, um eben dieses Ausfallsthor in ihre Macht zu bekommen. Seither ist aus Peschawar eine grosse Festung geworden, und entlang dem ganzen Kabul-Flussthal, an beiden Ufern des Flusses bis zur afghanischen Grenze finden wir heute eine Reihe von Befestigungen, welche Peschawar zu einem verschanzten Lager stempeln. Auf den ersten Blick möchte es scheinen, als wäre der schwierige Kaibarpass zu vermeiden, und der Weg den Kabulfluss aufwärts das natürliche Thor nach Afghanistan, bei näherer Beobachtung zeigt sich jedoch, dass die Benützung des Kabulflusses durch die Natur unmöglich gemacht ist. Zwei Kilometer oberhalb Atok ergiesst sich der Kabulfluss in den Indus. Vor seiner Mündung durchströmt er ein ca. 80 Km. langes und ebenso breites, flaches Thal, welches nur nach Osten hin offen ist und von allen anderen Seiten von Gebirgen umschlossen wird. Längs des Flusses ist der Eintritt in Afghanistan durch die dicht und steil an das Flussbett herantretenden Felsenabstürze gänzlich unausführbar, der Strom selbst seiner reissenden Strömung halber ebenso wenig benutzbar. In Folge dessen führt die Hauptcommunicationslinie von Peschawar, das zugleich der Eisenbahn-Endpunkt des indischen Bahnnetzes ist, welches durch das Indus-Tiefland heraufführt nach Kabul, im Süden des Kabulflusses durch die Kaibarpässe. Diese bilden wohl nicht die einzige Passage zwischen Peschawar und Dschellalabad, da zwei andere zum Kabulflusse parallel verlaufende Pässe den Zugang gestatten, doch sind beide, der Abkhanapass, durch welchen die Strasse über das Fort Muchni führt, bei Schiliman den Kabulstrom übersetzt und sich bei Dhaka mit der Kaibarstrasse vereinigt, und der Tahtarapass zwischen den Kaibarpässen und dem Kabulflusse für Fuhrwerke und Lastthiere nicht practicable. Fünf Kilometer vor dem Eingang zum Kaibarpasse, 10 Kilometer westlich von Peschawar besitzen die Engländer das Fort Dschamrud, das allerdings heute nur mehr eine Ruine ist. Andere feste Punkte haben sie gegenüber den übrigen östlichen Ausgangsstellen der Gebirgspassagen im Thale von Peschawar errichtet, und zwar: südlich des Kabulflusses das Fort Bara am Barafluss, dessen Thal sich zum Sefid Kuhgebirge hinaufzieht, welches von äusserst kriegerischen Stämmen bewohnt wird; das Fort Mackeson am Wege nach Kohat, zur Beherrschung der durch den Kohatpass führenden Strasse. Nördlich vom Kabulflusse das Fort Muchni zur Absperrung des Flussthales, das Fort Schubkudr im Nordosten des ersteren und das Fort Abasai 10 Kilometer weiter nördlich am Swatfluss, dessen Thal von den kriegerischen Yusufzai bewohnt wird.

Das Bedürfniss, schon in Friedenszeiten die Bewohner des Industhales gegen die Uebergriffe der theils ansässigen, theils aber umherziehenden Gebirgsstämme der Afghanen zu schützen, hat auch ausserhalb Peschawars zur Anlage einer Reihe befestigter Posten geführt, welche am Fusse des Solimangebirges sich hinziehen, und unter denen wir hier Thall, Bannu, Dubbra erwähnen. So lange sich die Raubzüge der Bergstämme an der indischafghanischen Grenze auf afghanisches Gebiet beschränkten, gestattete man ihnen, ihren Erwerb auf die Weise zu suchen, die ihnen zusagte. Man verbot nur das Plündern und Niederbrennen der Dörfer innerhalb der englischen Grenzen, sowie das Entführen indischer Unterthanen, und errichtete zu diesem Zwecke die vorher erwähnten befestigten Posten, zu welchen Militärstrassen führen. Was die wilden Stämme jenseits der Grenze anbelangt, so wurde ihnen gegenüber in versöhnlicher und duldsamer Weise vorgegangen, wenn man auch von Zeit zu Zeit Expeditionen gegen dieselben unternahm, um Exempel zu statuiren und eine Reihe von Uebergriffen zu bestrafen. Diese Pflicht und Aufgabe fiel dem Pendschab-Grenz-Contingent anheim. Dieses System der Grenzbefestigung erwies sich indess als wenig erfolgreich. Die Bergvölker änderten deshalb ihre Gewohnheiten nicht im Mindesten und trugen Raub- und Mord ohne Unterlass auf indisches Gebiet.

Wenn wir die Stämme in's Auge fassen, welche die östlichen Grenzgebirge Afghanistans von Peschawar bis zu jenem Gebiete bevölkern, in welchem die Afghanen aufhören und die Balutschen beginnen, so finden wir vom Norden ausgehend zuerst die Momunds an den Ufern des Swat- und Kabulflusses, an dessen linkem Ufer Dhaka gegenüber ihr Hauptort Lalpura liegt und beide Ufer des Flusses beherrscht. Ihr Bergland ragt, ca. 50 Kilometer von Peschawar entfernt, in britisches Gebiet hinein, und sie zählen gegen 16.000 Waffenfähige. Ihre gewöhnlichen Streifungen und Raubzüge finden ohne Unterbrechung statt, zuweilen aber, wie in den Jahren 1850—51, wagten sie Ausfälle der kühnsten Art. Im letzteren Jahre wurden sie durch Lord Clive gezüchtigt, und um sie im Zaume zu halten, errichtete man das Fort Muchni, woselbst 1873 der englische Major Macdonald auf die brutalste Art ermordet wurde. An die Momunds schliessen sich die weitverbreiteten Afridis an, die an der Westgrenze des Peschawarthales, im Kaibarpasse und in dem Hügellande zwischen Peschawar und Kohat hausen. Sie sind

Afridis im Kaiberpass.

ebenso unabhängig und hochmüthig als verrätherisch und zählen 24.000 wehrbare Männer. Der Afridi ist ein grosser athletischer Gebirgsbewohner, mager, doch muskulös gebaut, mit langem, hagerem Gesichte und gebogener Nase. Die Afridis im Kaibarpasse sind als meist verrätherisch berüchtigt und die einzelnen Stämme befinden sich in steter Fehde untereinander. Die Niederhaltung derselben ist mit einer der Hauptzwecke des Forts Ali Musdschid, in welchem der Emir von Kabul eine starke Garnison unterhält. Die beiden Pässe Kohat und Jewaki führen durch ihr Gebiet, von Peschawar nach Kohat. Im Jahre 1849 verstand sich die indische Regierung zur Bezahlung einer jährlichen Summe an die Afridis unter der Bedingung, dass sie für die Sicherheit der Pässe sorgten, doch schon 1852 sah sich Sir Napier veranlasst, sie für eine Reihe von Gewaltthätigkeiten und Räubereien zu bestrafen.

Weiter gegen Süden haben wir die Araksai, deren Dörfer im Jahre 1854 zerstört wurden, und die sich seither ziemlich ruhig verhielten. Im Kurumthale folgen die bereits erwähnten Turis und Jagis. Ihre Nachbarn, die Zymukht-Afghanen sind wenig zahlreich und den Araksai freundlich gesinnt. Nach Süden fortschreitend, stossen wir auf die mächtigen Wasirai, die Räuber des Gomalpasses, ein Stamm, der nicht weniger als 43.000 streitbare Männer zählt. Sie theilen sich in die Mahsud- und die Kabul-Kheil Wasirai, und wiederholt war es nöthig, Expeditionen gegen dieselben auszusenden, trotzdem fahren sie fort zu rauben und zu morden, so lange und wie immer es ungestraft geschehen kann.

Alle diese Stämme sind indessen auf die äusseren Gebirgsabhänge beschränkt. Auf der östlichen Seite zieht sich unterhalb derselben die Grenzlinie des britischen Gebietes hin; jenseits der Gebirge liegen die afghanischen Hochebenen, welche den Ghilzai und anderen Stämmen, nicht aber den Raubhorden der Grenzpässe gehören. Für England ist es unter diesen Verhältnissen ein natürlicher Wunsch, in den Besitz dieser Hochländer jenseits der Grenzketten zu kommen, denn dann würden sich die Grenzstämme des Raubens und Mordens in den Pässen und der Ausfälle in das Indus-Tiefland enthalten müssen.

Verfolgen wir nunmehr die Strasse von Peschawar nach Kabul durch den Kaibarpass. Von Peschawar, das in 355 Meter Seehöhe liegt, steigt die Strasse allmälig gegen Fort Dschamrud an, das 509 Meter hoch liegt. Zwei Kilometer westlich davon beginnt der Kaibarpass.

Der Kaibarpass ist von seinem Beginne bis zu seinem Ende, nahe bei Dhaka, 56 Kilometer lang, und rechnet man das 12 Kilometer lange und 2½ Kilometer breite Thal von Lalabeg ab, so erübrigen 44 Kilometer des Passes, welche beherrscht werden können und auf welchen es wenig Stellen giebt, wo eine vorrückende Armee Deckung finden könnte. Das Fort Ali Musdschid liegt auf einem Hügel in 741 Meter Seehöhe. Das Fort ist ungefähr 45 Meter lang und 20 Meter breit; der gesammte umschlossene Raum jedoch hat eine Länge von 90 und eine Breite von 60 Meter. Auf drei 150—240 Meter vom Fort entfernten Hügeln sind Posten aufgestellt. Die Weite des

Passes hier ist ungefähr 90 Meter. Auf der gegenüberliegenden Seite sind die Hügel nicht hoch. Im Mittelpunkte des Passes unten ist eine Sungah (Verschanzung). Auch auf den Hügeln gegenüber dem Fort sind Verschanzungen angebracht. Im Fort Ali-Musdschid ist kein Wasser; aber ein bedeckter Gang, der zu einem Brunnen führt, befindet sich dort. Jenseits des Forts werden die physischen Schwierigkeiten der Strasse grösser, und wenn hier nach der Einnahme Ali-Musdschids Widerstand versucht werden sollte, so könnte die Passirung dieses Abschnittes wohl empfindliche Opfer nach sich ziehen. Der Pass verengert sich bedeutend, und an einer Stelle ist er, mit Einschluss des felsigen Strombettes, nicht über 14—16 Meter breit. Er erweitert sich allmälig bis zu 24 Meter und dann erreicht man das Thal Lalabeg, welches angebaut ist und einige kleine Dörfer enthält. Dieses Thal ist 12 Kilometer lang; am Ende desselben beginnt die Strasse in einer Länge von etwa 6 Kilometer frei gegen die Passhöhe anzusteigen, wobei man immer einen schönen Ausblick auf die Landschaft hat. Auf der Höhe von 1028 Meter angekommen, führt die Strasse 4 Kilometer lang wieder abwärts, mit einem beiläufigen Fall von 1 zu 15, nach Lundi Khana, einem Dorfe, um welches herum einiger Anbau stattfindet, in einem etwa eine Viertelmeile weiten Einschnitt des Passes. Einige von den Bergrücken auf diesem zwei Meilen langen Abstiege sind sehr steil. Der Gipfel des Passes bietet eine bewunderungswürdige Position für ein Fort dar, welches mit dem verheerendsten Feuer beide Strassen, die von Dhaka und jene von Lalabeg bestreichen könnte. Von der Spitze des Hügels könnte die sich zur Höhe emporwindende Strasse mit einem Feuerregen überschüttet werden, während die von ihr gegen Lalabeg abwärts führende Strasse, nämlich die, welche eine von Ali-Musdschid kommende Steitmacht hinansteigen müsste, noch directer beherrscht werden könnte. Von Lundi Khana, das sich in einer Seehöhe von 758 Meter befindet, beträgt die Entfernung bis Dhaka 18 Kilometer. Die Anhöhen zu beiden Seiten des Passes, welche von 30—70 Meter Breite wechseln und für nach Kabul marschirende Truppen sich im Abstiege befinden, sind steil abstürzend, aber nicht hoch; sie sind mit niedrigem Gesträuch bewachsen.

Etwa die Hälfte des Weges ist die Strasse gut; im letzten Theile desselben stösst man auf das Bett eines Gebirgsstromes, mit mehreren scharfen Biegungen, und führt sie über rauhes Steingerölle dahin. Dhaka liegt hart an der Mündung des Kaibarpasses in 609 Meter Seehöhe; die Strasse vereinigt sich hier mit dem Thale des Kabulflusses. Bei Dhaka befinden sich zwei ummauerte Dörfer. Hough erzählt von dem Boden bei Dhaka, dass derselbe bis auf einige Entfernung vom Flusse weg mit einer Sodaschichte überzogen, daher sehr dumpfig und feucht sei; das umgebende Land ist mit Steinen und kiesigem Sande bedeckt. Nichtsdestoweniger ist Dhaka von ungefähr zweihundert Familien bewohnt. Ueber dem Flusse, Dhaka gegenüber, liegt Lalpura, dessen Seehöhe nur mehr 458 Meter beträgt. Hier stand das Fort von Saadret Khan, des mächtigsten all der kleinen Häuptlinge in diesem Theile des Landes. Auf dem nächsten, 18 Kilometer langen Marsche, von Dhaka nach Huzarnau, gelangt man zu dem Passe oder Defilé Khurd Kaibar oder dem kleinen Kaibar. Von ihm sagt Hough: „Das Defilé ist sehr eng, an manchen Stellen derart, dass nicht zwei Reiter neben einander passiren können. Es ist ungefähr 1½ Kilometer lang. Es gleicht mehr einer tiefen, engen Schlucht mit hohen Wällen zu beiden Seiten. Huzarnau ist ein Haufe Dörfer mit sehr viel Cultur um dieselben. Es wächst dort gutes Gras und es mangelt daher nicht an Futter für Rindvieh. Von Huzarnau geht der Marsch, 24 Kilometer lang, zumeist über eine Ebene auf sehr guter, obwohl stellenweise sandiger und steiniger Strasse, von Chardeh nach Ali-Boghan führt dann ein Marsch von 28 Kilometer zum kleineren Theile durch angebautes Land; 18 Kilometer später trifft man auf „ein weites ödes Thal oder steinige Wüste, genannt Surkh-Denkor, wo in den Monaten April und Mai der tödtliche Samum vorherrscht". Chardeh liegt 555, Ali Boghan 582 Kilometer über dem Meere. Auf dem nun noch 14 Kilometer langen Marsche von Ali-Boghan nach Dschellalabad, der befestigten, von ihrer ruhmreichen Besatzung, der Sale'schen Brigade, 1841/42 so kraftvoll vertheidigten Stadt, stösst man auf keine weiteren Schwierigkeiten. Dschellalabad liegt in 597 Meter Seehöhe. Hough spricht von ihm als einem kleinen, schmutzigen Neste mit Lehmmauern, runden Thürmen, engen Strassen und einer Bevölkerung von 2000 Seelen; seine Befestigungen sollen aber in letzter Zeit bedeutend verstärkt worden sein.

Von Dschellalabad bis Gundamuck sind die Hindernisse auf der Strasse nicht bedeutend. Sowohl in Futiabad als auch in Gundamuck giebt es Culturen und Dörfer. Nach Hough sind die Gegenden auf dem nächsten, 26 Kilometer langen Marsch nach Surk-ab selbst im October noch sehr fruchtbar. Insbesondere im Thale von Hiparak giebt es viele Obstgärten, Weingärten und Kornfelder längs des Flusses. Dann beginnen jedoch die Pässe und Abstürze, zuerst der furchtbare, jedoch kurze Jugduluk und weiter der Khurd-Kabul, dem zunächst das gleichnamige Dorf 2276 Meter über dem Meeresspiegel liegt. In Folge der Kälte ist es unmöglich, diese Pässe während des Winters zu passiren.

Der Gebirgsrücken, der in den Khurd-Kabulpässen zu übersteigen ist, löst sich gleich den Kaibarbergen vom Hauptkamme des Sefid Kuh ab und streicht in nordöstlicher Richtung unter dem Namen der Karkatschaberge bis an den Kabulfluss, aus dem durch die beiden Kämme des Sefid Kuh und der Karkatschaberge gebildeten Winkel fliessen dem Kabul zahlreiche Bergwässer zu, unter ihnen ist der Surk-ab das bedeutendste. Die Strasse von Dschellalabad nach Kabul überschreitet alle diese Seitenflüsschen und theilt sich vor dem Anstiege über die Karkatschaberge in zwei Arme; eine Strasse überschreitet das Gebirge in dem 2438 Meter hohen Karkatschapass, an dessen westlichem Ausgange das afghanische Fort Kila Assin liegt, und überwindet weiterhin die Passengen von Kotal, bis sie nördlich von Khurd-Kabul auf die Hochterrasse von Kabul herabsteigt; die zweite

Strasse führt über den Jugdulukpass nach dem gleichnamigen Orte, von welchem aus das Gebirge auf zwei verschiedenen Pässen, dem nördlicheren, dem Khinar, oder dem südlicheren, dem Sokhtapass überwunden wird; endlich führt ein noch nördlicherer Weg über den Latabandpass von Jugduluk nach Kabul. Alle diese Pässe bieten im Vergleiche zu dem Kaibarpasse grössere Schwierigkeiten, und in den Khurd-Kabulpässen war es auch, wo die englisch-indische Expeditions-Armee auf ihrem Rückzuge von Kabul im Jahre 1842 nahezu aufgerieben wurde; der Rest fand im Kaibarpasse sein Grab.

Auf der 1950 Meter über dem Meere erhabenen Hochterrasse von Kabul angelangt, ist unser Horizont auf allen Seiten hin durch Gebirgsmassen abgeschlossen. Im Norden, wie ein Segment die Hochterrasse abschliessend, streichen die Ausläufer des Hindukusch (Hindutödter) und parallel zu diesen Ausläufern 100 Kilometer nördlicher der schneebedeckte Kamm des Hindukusch selbst.

Ueber diese Gebirgsmauer, welche das eigentliche Afghanistan von seinen turkomanischen Provinzen im Norden trennt, führen mehr als 20 Pässe, von welchen jedoch nur die Hälfte für beladene Lastthiere und ein Drittel für Fuhrwerke practicable sind. Als östlichsten finden wir den Khewakpass, welcher von Kabul durch das Quellthal des Pandschir in 4085 Meter Höhe über den Hindukusch nach Inderab und weiter nach Kundus führt. Ueber ihn zog im Frühjahre 329 v. Chr. Alexander der Grosse von Süden nach Norden, um den Usurpator Bessus zu überraschen, der in Baktrien (der heutigen Landschaft Balch) einen Aufstand in Scene gesetzt hatte. Dem Khewakpasse unmittelbar im Westen folgen: der Sarya, Tul (der lange Pass) Schewa, Bazarak, Schatpul, Perwan, der Kipschakpass direct von Kabul über Tscharikar nach Chirdschan führend, der Sar Alang, Kaoschan, Gwasgar, Schar-Dar, Faringal und der Schibertupass. Auf dem Rückwege Alexander des Grossen nach Indien, nachdem er Baktrien bewältigt, im Jahre 327 v. Ch. zog Alexander über den bequemeren Kipschakpass, über den mehr als 1800 Jahre später Sultan Baber, dem wir die erste Beschreibung der Passübergänge über den Hindukusch verdanken, sein Heer zur Gründung des Reiches der Grossmoguln Indiens führte.

Mit Ausnahme des Schibertupasses sind die übrigen Pässe zur Winterszeit fünf Monate hindurch, durch die gewaltigsten Schneemassen abgesperrt. Im eigentlichen Sinne sind sie nur im Herbst gangbar. Zu den natürlichen Schwierigkeiten bei ihrer Uebersteigung gesellt sich noch die Unsicherheit der Passwege durch die Siaposch- oder Kafir-Räuber.

In Kabul vereinigen sich die Strassen, welche aus dem Norden, Westen und Südwesten des Reiches in die grosse Heerstrasse aller Eroberer gegen das Indus-Tiefland einmünden. Verfolgen wir diese Strassen. Die directeste Verbindung mit den oberen Oxusländern stellt die Strasse über Tscharikar durch den Khewak- oder Kipschakpass her; um von Kabul nach Balch und weiter über die Grenzstation des Afghanen-Reiches Chodscha Salih nach Buchara zu gelangen, verfolgt die Strasse von Kabul zunächst eine westliche Richtung und übersteigt vorerst den Ispeschakpass, 20 Kilometer westlich davon den Unnapass in 3352 Meter Seehöhe, ihm folgt der Hadschijakpass 3507 Meter hoch gelegen, sodann der 3670 Meter hohe Kalupass, von dem sich die Strasse in das Thal von Bamijan herabsenkt. Die beiden letztgenannten Pässe sind schneebedeckt und werden gewöhnlich unter der Bezeichnung der Bamijanpässe zusammengefasst. Im Thale von Bamijan stossen wir nicht nur auf die grossartigsten Naturscenerien, sondern auch auf zahlreiche und merkwürdige Denkmäler der Vorzeit. Ausser zahlreichen Grotten, welche sich ununterbrochen auf einer Strecke von 15 Kilometer folgen und von der einstigen Troglodyten-Bevölkerung und der späteren Invasion durch buddhistische Eremiten Zeugniss geben, erregen zwei in die Bergwand des Thales gehauene Kolosse von menschlicher Gestalt und 35 Meter Höhe, die sogenannten But-Bamijan, aus der Blüthezeit des Buddhismus in Hochasien herrührend, die Aufmerksamkeit des Wanderers.

Von Bamijan ab sind weitere vier Pässe, der Palu-, Saighan-, Schikan- und Kara Kotulpass, von denen keiner 2800 Meter übersteigt, zu durchziehen, bevor wir aus dem Berglande des Kara Kuh in die Thalebene des Oxus gelangen. Bei Kurum am Chulmflusse theilt sich die Strasse; ein Zweig geht in rein westlicher Richtung über Sari nach Siripul und Maimene, der andere folgt dem Flusse abwärts nach Chulm und erreicht über Balch, und Chodscha Salih, Karschi, von wo aus Strassen nach

Buchara und Samarkand im Sarafschan-Gebiete führen. Für Russland bildet diese Strasse einen der directesten Wege nach Afghanistan, der bei dem heutigen Vasallenverhältnisse Bucharas zu Russland noch mehr Bedeutung gewinnt und Russland die Besetzung der Hindukuschpässe erlaubt.

Die Strasse nach Herat verläuft bis Charsar vor dem Hadschijakpasse mit der nach Balch führenden identisch und verzweigt sich hier; eine Linie übersetzt die Bamijanpässe und zieht am Nordfusse des Kuhi Baba zum Thale des Heri rud, das sie abwärts bis Herat verfolgt, die zweite Linie umgeht den Gebirgsstock des Kuhi Baba im Süden und vereinigt sich bei Dauletjar mit der ersten Linie. Von Herat führen Strassen nach Merw, Meschhed, Teheran, Yezd und Kandahar, von welchen die Strasse nach Merw zum grossen Theile dem Murgh-Abfluss folgend, eine Hauptoperationslinie für Russland bildet, das von seinem transcaspischen Militärposten Krasnowodsk Merw ohne besondere Schwierigkeiten zu erreichen vermag und dessen Besitz Russland von grösster Wichtigkeit ist. Die Operationen des Lomakin'schen Corps im Atrek-Thale sprechen dafür, dass Russland die Besetzung Merws im richtigen Augenblicke anstrebt.

Die schwächste und dem Angriffe von aussen her offene Seite des Afghanen-Reiches ist der Westen; eine Reihe blutiger Kämpfe um den Besitz Herats zwischen Persien und Afghanistan sind sprechende Beweise dafür. Im Süden ist das Land durch die Balutschiwüste mehr als hinlänglich gedeckt nur der Bholanpass gestattet einen Zugang und bildet den Schlüssel zum südlichen

Afghanistan und insbesondere für den Besitz der Central-Position Kandahar.

Die auf der kürzesten Operationslinie nach der Hauptstadt Kabul sich in den Weg legenden, sehr beträchtlichen Hindernisse haben die Aufmerksamkeit der englischen Strategen auf Quettah und den Bholanpass gelenkt. Quettah, 325 Kilometer von Schikarpur entfernt, liegt am nördlichen Ende des Bholanpasses an der Nordgrenze von Balutschistan und ist eine Stadt von 400 Häusern, eine hohe Mauer umgiebt die von einer Citadelle beherrschte Stadt; das in einer Breite von 12 Kilometer den ziemlich wohlhabenden Ort umgebende Thal erhebt sich 1615 Meter über das Meer und zeichnet sich durch einen strengen Winter, sowie durch kalte Sommernächte aus, während die Sommertage glühend heiss zu sein pflegen. Der Weg von Schikarpur nach Quettah führt zuerst in die der Indusebene zunächst gelegene Niederung hin, in der zweiten Hälfte aber über das Gebirge. Ein Theil der Niederung zwischen Balutschistan und dem Indus ist von Sandsteppen erfüllt, später aber folgt die blühende Landschaft Katscha-Gundawa, welche als die Perle der Besitzungen des Khans von Kelat gilt. Die bedeutendste Stadt zwischen Schikarpur und Quettah ist das Städtchen Bagh. Die Umgebung der Stadt ist ziemlich gut bevölkert und verdankt ihre günstigen Productionsverhältnisse dem ausgedehnten Bewässerungssystem. 30 Kilometer nordwestlich von Bagh überschreitet die Strasse das Khalagebirge, 30 Kilometer später jenseits der Stadt Dadur durchzieht sie den Bholanpass, der seinen Namen von dem Flüsschen hat, das im Passe südwärts rinnt. Grosse in der Strasse liegende Steinmassen, streckenweise Verengerungen bis auf 10 Meter, ferner kurze steile Hebungen und Senkungen der Passsohle machen die Bewegungen in ihm schwierig.

Vor dem Bholanpass im Süden befinden sich drei Stämme. Die Aschakzai sind ein Zweig der Barakzai oder der regierenden Fraction der Duranai. Sie nehmen die Wasserscheide zwischen dem Ab-Istadah-See und dem Argandab-Becken, einschliesslich der Lobagebirge — ein rauhes, verödetes Gebiet — ein und zählen etwa 1480 Familien. Die Kakars bewohnen eine höher gelegene und unerforschte Region im Süden der Ghilzai, welche vom Zohabflusse bewässert wird. Der ganze Asafoetida-Handel liegt in ihren Händen, sie senden alljährig Tausende der Ihrigen hinab nach Nadully-derrak, um Gummi von den wilden Pflanzen zu sammeln. Die Kakars zählen etwa 20.000 Streiter und stehen auf freundschaftlichem Fusse mit den Ghilzai. Die Tarins endlich scheiden sich in die Safed und Tur Tarins, die ersteren sind meist unabhängige Hirtenvölker, die letzteren Ackerbau treibende und Kandahar tributär.

Mit dem Bholanpasse sind indessen noch nicht alle natürlichen Terrainschwierigkeiten besiegt. Die Strasse von Quettah nach Kandahar durchzieht, nachdem sie den Bholanpass verlassen, die Landschaft Pischin, übersetzt den Lorafluss (Nebenfluss des Hilmend) und muss das 2590 Meter hohe Amrangebirge im Khodschakpasse in einer Seehöhe von 2286 Meter übersteigen. Ausser diesem können noch westlich der Rogani- und Gwajapass benützt

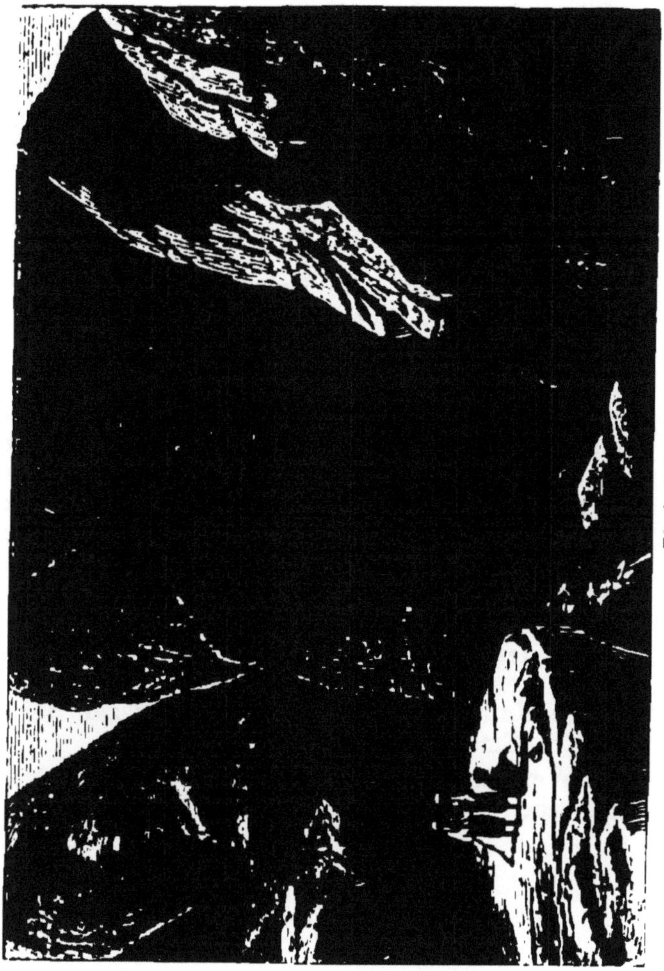

Khodschakpass.

werden. Jenseits des Khodschakpasses folgt die Strasse, dem Thale des Dori und erreicht ohne Hindernisse nach Uebersetzung des Argesan- und Tarnakflusses Kandahar, das als centraler Communications-Knotenpunkt eine hervorragende strategische Bedeutung hat. Kandahar selbst ist durch eine 5½ Kilometer lange, 7 Meter breite und 9 Meter hohe Mauer umschlossen, welche durch 54 Halbthürme flankirt ist. Citadelle und Schloss liegen seit dem ersten englisch-afghanischen Feldzuge in Trümmern. Von Kandahar führt eine Strasse nach Herat, über das Gasarman- und Ghoratgebirge, die eine Kette des Sija Kuh im 1622 Meter hohen Sengakissiapass zu übersteigen hat, sonst aber keinerlei Schwierigkeiten bietet.

Von Kandahar endlich führt ein Theil der alten Königstrasse über das befestigte Ghusni (im englisch-afghanischen Feldzuge 1838—42 wurde die Stadt fast gänzlich zerstört) nach Kabul. Die Strasse erklimmt, dem Thale des Tarnak aufwärts folgend, den höchsten Theil des afghanischen Plateaus (Ghusni liegt in 2234 Meter Seehöhe), führt durch den landschaftlich schönsten und anmuthigsten Theil des Landes und senkt sich, nachdem sie den 2651 Meter hohen Schiri Danapass nördlich von Ghusni übersetzt hat, in das Quellthal des Kabulflusses hinab, dem sie bis zur Residenz des Emirs entlang zieht.

Wenden wir uns nunmehr zu den hydrographischen Verhältnissen des Landes.

Hydrographische Verhältnisse, Flüsse und Seen.

Mit Ausnahme der beiden Becken des Kabulflusses und des Hilmend ist Afghanistan in seinem physikalischen Charakter durch die Armuth an fliessenden Gewässern gekennzeichnet. Der Ostrand des Plateaus entsendet auf seiner ganzen über 1200 Kilometer langen Ausdehnung südlich des Kabulflusses bis zum Meere nur vier bis fünf nennenswerthe Flussläufe dem Indus zu, und selbst unter ihnen erreichen drei nur zur Zeit der Hochwässer den Strom, dem sie tributär sind, in der übrigen Jahreszeit versiegen sie im Sande. Der bedeutendste unter diesen linksseitigen Nebenflüssen südlich des Kabulflusses ist der Kurum, der die Wässer des Schamil und des Gumbela aufnimmt; ihm zunächst folgt der Gomal mit dem Schab (Zohab).

Die merkwürdigste Terrainfurche bildet jedoch das Flussthal des Kabul, zwischen den beiden hohen Wällen des Hindukusch und Sefid Kuh eingeschlossen, hat der Strom bei einer Entwickelung von über 330 Kilometer ein Gefälle von 1590 Meter von der Hauptstadt Kabul aus bis Peschawar gerechnet, in Folge dessen ist er ein reissender Strom und nicht schiffbar, da er überdies wiederholt von Felsenriffen durchzogen wird und Stromschnellen bildet, die bedeutendsten oberhalb Dschellalabad.

Seine Hauptzuflüsse erhält er vom Hindukusch. Er entspringt auf der Hochterrasse von Ghusni und fliesst zuerst nordöstlich, bis er bei Kabul nach

Westen ablenkt und auf seinem weiteren Laufe den Pandschir-, Kunar- und den Swatfluss aufnimmt.

Jenseits des Hindukusch in der Provinz Badakschan bildet der Oxus oder Amu Darja theilweise die Grenze von Afghanistan und erhält aus dieser Provinz den Badakschanfluss oder Koktscha, aus Kundus den Aksari mit dem Sarch-ab, aus Chulm den Abien oder Chulm und aus Balch den Dehas. Die drei letzteren erreichen jedoch nur zur Zeit der Schneeschmelze im Hindukusch den Oxus, die übrige Zeit versiegen sie im Sande der Oxus-Thalebene. Der Murgh-ab, der in den nördlichen Hesaregebirgen entspringt, fliesst in nordwestlicher Richtung nach Merw und verliert sich, nachdem er die Ebene von Merw bewässert hat, in die Sandwüsten Chiwa's. Der Heri-rud, der von den nordöstlichen Abhängen des Sija Kuh entspringt, durchströmt in direct westlicher Richtung das enge Thal, das der Sefid Kuh und der Sija Kuh im Districte der Hesare bilden, fliesst an Herat vorbei und giebt einen bedeutenden Theil seines Wassers zur Bewässerung der Ebene von Herat ab, wendet sich dann nach Nordwesten und verliert sich im Sande der Wüste. Im Südwesten Afghanistans fliesst der Farrah-rud, Harud und Kasch-rud in den See von Hamun, ebenso der Hilmend, einer der grössten Flüsse Afghanistans, der seine Quellen am Kuhi Baba, nicht weit westlich von Kabul hat. Er fliesst südwestlich und nimmt unter dem 32. Breitegrad den Argandab auf, der an Kandahar vorbeifliesst, und den Tarnak, Argesan, Dori und Lora auf seinem Laufe mit sich vereinigt. Der Hilmend wird zur Schifffahrt nicht benutzt, da sein Unterlauf fast nur durch Wüsten führt, wo seine Wasser grösstentheils versiegen. Sein südlicher Nebenfluss, der Lora, der östlich in den Kandbergen entspringt und in westlicher Richtung das Plateau zwischen dem Takatu und Amrangebirge durchströmt, verliert sich meistens in der Sandwüste und erreicht nur im Frühling, wenn er durch den Regen angeschwollen ist, den Hilmend. Ein eigenes Flussgebiet, das keinem Ocean tributär ist, stellt der Ghusnifluss dar, der sich nach einem Laufe von 90 Kilometer in den abflusslosen See Ab-Istadah (das schlafende Wasser) ergiesst. Merkwürdig ist, dass Afghanistan, trotzdem dass es ein so gebirgiges Land, arm an Seen ist. Im Hindukusch und in den nördlich davon gelegenen Provinzen ist kein einziger See bekannt. Auf dem mittleren Hochplateau, in dem Dreieck, das der Tarnak und Argesan bildet, befindet sich der erwähnte kleine See, Ab-Istadah. Der einzige See von Bedeutung ist in der südwestlichen Ecke der Hamunsee, in der Provinz Seistan, in den sich, wie schon bemerkt, der Farrah-rud Harud, Käsch-rud und der Hilmend ergiessen.

Der Hamun (von den arabischen Geographen Zarehsee, von den Bewohnern der Umgegend Meschileh Sistan genannt) ist ein grosses, flaches und zum grössten Theile mit Schilfrohr bedecktes Becken, das in seinem südlichen Theile heute fast gänzlich ausgetrocknet ist. Sein Wasser, ohne gesalzen zu sein, ist von dunkler Färbung und üblem Geschmacke; der russische Forschungsreisende Lenz, welcher den See 1858 besuchte, beobachtete, dass das Aussehen und die Grösse des Sees fortwährenden Veränderungen unterliegt, bald ist der nördliche, bald der südliche Theil des Sees, der in seiner heutigen Gestalt und Grösse überhaupt nur den Rest eines viel grösseren Wasserbeckens darstellt, gänzlich trocken, zuweilen theilen sich die Wässer aber in zwei durch eine Landenge völlig getrennte Becken.

Das Klima des Landes.

Zwischen dem Parallel von Aegypten und Syrien gelegen, in seiner Bodengestaltung aber die Schweiz an Mannigfaltigkeit der Terrainformen überbietend mit Berggipfeln, welche jene der Alpen noch an Höhe übertreffen, verdankt Afghanistan diesen dreifachen geophysikalischen Momenten die Erscheinung, dass es in klimatischer Hinsicht und in seiner Fauna und Flora die Extreme der tropischen und gemässigten Zone vereinigt. Im Uebrigen ist das Klima der einzelnen Landschaften Afghanistans sehr verschieden, je nach ihrer Seehöhe. Die Gegenden um den Hamunsee sind erdrückend heiss und die Hitze wird durch den Wüstensand noch gesteigert; auch der grosse District Garmsel am Unterlaufe des Hilmend gehört dieser heissen Zone an und ist, mit Ausnahme eines kleinen Landstriches, auf beiden Flussufern wüst, da ohne reichliches Wasser hier nichts gedeihen kann. Der südöstliche Theil, zwischen dem Tschappar- und Solimangebirge, soweit er sich gegen die alte Provinz Siwistan hinabsenkt, ist ebenfalls um seiner sengenden Hitze willen verrufen und darum sehr dünn bevölkert. Selbst die Eingebornen citiren einen persischen Vers des Inhalts: O Gott, da Du Siwistan hattest, warum machtest Du die Hölle? Das südliche Hochland hat dagegen ein sehr angenehmes Klima, besonders die Gegenden am Oberlaufe des Hilmend und seinen Nebenflüssen. Kandahar selbst, das 1036 Meter hoch gelegen ist, ist zwar noch heiss im Sommer, doch weiss man dort nichts von den erdrückend heissen Winden und den heissen Nächten, wie sie in Indien vorkommen. Alles ist wohl angebaut, und die Felder durch Canäle bewässert, geben einen reichlichen Ertrag; auch Obst aller Gattung wächst dort in Fülle. Weiter gegen Norden nimmt die Cultur zu und der Hilmend, sowie seine Nebenflüsse, der Argandab und Tarnak, sollen im Winter oft mit Eis bedeckt sein. Das hoch gelegene Ghusni hat einen kühlen Sommer und einen langen Winter mit viel Eis und Schnee; nach der Ueberlieferung sollen schon zweimal Einwohner durch Schneewehen umgekommen sein. Die Solimangebirge haben je nach der Erhöhung ein kühles oder gar kaltes Klima, die Thäler aber sind heiss und wo sie bewässert werden können, äusserst fruchtbar.

Die Hauptstadt Kabul selbst hat ein herrliches Klima. Sie ist etwas niedriger gelegen als Ghusni und von allen Seiten mit Bergen umgeben, wodurch sie gegen die stürmischen Winde geschützt ist. Der Sommer von Kabul ist warm und theilweise heiss, aber nie so, dass man sich nicht bei jeder Tageszeit der Sonne aussetzen könnte; der Winter ist nicht sehr streng, obschon manchmal viel Schnee fällt, der längere Zeit liegen bleibt. Kabul ist bekannt wegen der Regelmässigkeit seiner

Jahreszeiten, die sich wie bei uns in Frühling, Sommer, Herbst und Winter eintheilen. Die Früchte der gemässigten Klimate: Trauben, Granatäpfel, Aprikosen, Birnen, Aepfel, Quitten, Pfirsiche, Pflaumen, Mandeln und Wallnüsse sind in Hülle und Fülle vorhanden. Den Uebergang zum heissen Klima der Thalstufe von Peschawar vermittelt jene von Dschellalabad, derselbe ist so charakteristisch, dass die Bewohner die Hochterrasse von Kabul Serdsil (die kalte Region), das Thal von Peschawar Ghermsil (die heisse Region) nennen. Der Hindukusch ist rauh und kalt, und nur die Thäler sind warm und fruchtbar; die Gegend von Bamijan, westlich von Kabul, die sehr hoch gelegen ist, hat einen kurzen Sommer und einen langen frostigen Winter, die Provinzen jenseits des Hindukusch sind in ihrem Klima wieder sehr verschieden; Badakschan ist im Allgemeinen rauh und kalt, Kundus und Balch, die in den Niederungen des Oxus liegen, haben ein warmes Klima und sind theilweise sorgfältig angebaut, soweit Wasser vorhanden ist. Das Land der Hesare und Aimak im Nordwesten ist rauh und grösstentheils unfruchtbar, während die tiefer gelegene Ebene von Herat ein warmes Klima hat mit einem gemässigten Winter und darum wohl bebaut ist. Periodische Regen, wie in Indien, giebt es in Afghanistan nicht, da der Monsun die Ostgrenze kaum noch streift; der Ackerbau ist daher von zufälligem Regen oder von künstlicher Bewässerung abhängig.

Naturproducte. Fauna und Flora. Mineralreichthum.

Der Vegetationscharakter der afghanischen Hochländer ist nahezu europäisch. Sämmtliche Früchte der gemässigten Zone gedeihen in Fülle und sind von vorzüglicher Güte; viele Culturpflanzen finden sich hier in wildem Zustande; die Rebe ist einheimisch, Weizen, Gerste, Mais werden am häufigsten gebaut und liefern die Nahrung der Bevölkerung; in den wärmeren Thälern gedeiht auch Baumwolle, das Zuckerrohr und Tabak. Charakteristisch für das Land ist seine verhältnissmässig grosse Armuth an Waldungen.

Wilde Thiere sind in der Fauna des Landes nur schwach vertreten. Die Hochthäler des Hindukusch beherbergen Löwen, Leoparden, Bären und Wölfe, die aber weder an Grösse noch an Wildheit sich mit denen Indiens vergleichen lassen. Der Elephant kommt im Lande nur im gezähmten Zustande vor. Häufig sind Schakale und Füchse, in den nordöstlichen Landschaften auch Affen, auf den Hochebenen Kabulistans und in den Gebirgen von Gardschistan hausen wilde Ziegen und Schafe in grossen Heerden, in Kabulistan ist ferner die Angorakatze einheimisch.

Unter den Hausthieren ist das Dromedar das gewöhnliche Lastthier im Flachlande; in Baktrien und den anderen Oxusprovinzen treffen wir das zweihöckerige Kameel. An Pferden und Rindern ist das Land reich, doch sind die Racen beider keine entwickelten; den Reichthum des Landes bilden in erster Linie die zahlreichen Heerden von Ziegen und Schafen, deren Wolle auch die Hauptmasse des Rohstoffes für die beschränkte Industrie des Landes liefert.

Der Mineralreichthum des Landes ist kein geringer, doch bisher wenig ausgebeutet. Der Kabulfluss führt Gold, der Hindukusch birgt grössere Lagerstätten von Silber, Kupfer, Zinnober, Blei, Antimon, Zink und Schwefel. Eisen- und Kupfererze sind fast in allen Gebirgen anzutreffen, auf Kohlen ist man in den verschiedensten Landschaften gestossen. Das Vorkommen grosser Steinsalzlager haben wir bereits im orographischen Theile (siehe Salzgebirge) erwähnt. Europäischem Industrie- und Handelsgeiste bleibt die Ausbeutung dieser Schätze vorbehalten.

Ethnographische Verhältnisse, die Völker Afghanistans, ihre Wohnsitze, Sitten und Gebräuche.

Die Bevölkerung des Landes ist nicht einheitlicher Abstammung, sondern ein ziemlich buntes Gemisch von Stämmen iranischer und tartarischer Abstammung. Prof. Trumpp, welcher während eines zweijährigen Aufenthaltes in Peschawar Gelegenheit hatte, das Volk der Afghanen zu studiren, schreibt:

„Das von den Afghanen bewohnte Land nimmt kaum die Hälfte des Flächeninhaltes des ganzen Reiches ein, denn auch im südöstlichen Theile wohnen fremde Stämme, nämlich Balutschen, in einem Theile der alten Provinz Siwistan und im Südwesten in der Provinz Seistan besteht fast die ganze Bevölkerung um den Hamunsee und der Westgrenze entlang bis in die Nähe von Herat aus Tadschiks. Das eigentliche Land der Afghanen ist ein grosses Hochplateau von den Solimangebirgen bis westlich an den Farrah-rud und die Ebene von Herat. Dagegen befindet sich jetzt ein ziemlicher Theil der Afghanen ausserhalb der politischen Grenze von Afghanistan.

Nördlich des Kabulflusses in dem Hochgebirgslande zwischen dem Indus westlich und dem Kunarflusse östlich, wohnt der Stamm der Yusufzai, welche das Thal des Kunar und Swat inne haben. Es ist ein mächtiger, kriegerischer Stamm, der seine völlige Unabhängigkeit bisher behauptet hat; die Regierungsform ist eine absolute Demokratie, da die Yusufzai keine Khane haben, noch dulden; die Unterstämme haben an ihrer Spitze gewählte Maliks, welche je nach Umständen oder dringenden Bedürfnissen zu einer Rathsversammlung zusammentreten und bei wichtigeren Angelegenheiten den ganzen Stamm zu einer Volksversammlung zusammenberufen, wo durch Handaufheben abgestimmt wird.

Neben den Yusufzai wohnen im Westen vom Swat, in Bajaur, noch der Stamm der Tarkolanai und der kleine Asman-Kheil, die aber beide von den Yusufzai in allen äusseren Angelegenheiten abhängig sind.

Die Peschawar-Ebene ist jetzt ebenfalls von verschiedenen afghanischen Stämmen bewohnt, sowie die Gebirge südlich davon, es finden sich nur noch dürftige Ueberreste der alten, von den Afghanen verjagten Hindu-Bevölkerung. Am unteren Kabulflusse, sowie in den Gebirgen westlich von Atok hausen die Chatak, einst ein kriegerischer Stamm, jetzt aber sehr zusammengeschmolzen; weiter aber die Momund, die in untere und obere Momund eingetheilt werden — in den Nordabfällen des Kaibargebirges und östlich gegen Kohat die Bangasch, ein kleiner Stamm. Die Stämme auf britischem Gebiete sind nicht mehr streng geschieden und vielfach vermischt, da sie keine Einrichtungen mehr haben, welche den Stamm als solchen zusammenhalten können. Sie sind meist mit Ackerbau beschäftigt und, wenn auch oft schwierig und turbulent, doch durch die starke Besatzung im Zaume gehalten, die manchmal dazu verwendet werden muss, um die Abgaben von renitenten Dörfern einzutreiben.

Auch in dem Flachlande zwischen dem Solimangebirge und dem Indus, besonders im nördlichen Theile, wohnen Afghanen, die grösstentheils den Isa-Kheil und den Wasirai angehören; die Wasirai geben der englischen Regierung immer noch viel zu schaffen und müssen hie und da um ihrer räuberischen Einfälle willen durch Truppen gezüchtigt werden.

Diese auf britischem Gebiete lebenden Stämme können jetzt kaum noch in Betracht kommen, da sie zwar alle noch von dem hohen trotzigen afghanischen Sinn erfüllt sind, aber mehr und mehr ihrer Nationaltität entkleidet werden, seitdem sie allen politischen Einfluss verloren haben und durch eine starke Regierung in den Schranken gesetzlicher Ordnung gehalten werden. Im Peschawarthale ist ihre Sprache noch das Afghanische, aber im Damani Kuh, wo sie schon viel mit indischen Jats vermischt sind, sprechen sie auch das indische Idiom (Hindustani).

Die Afghanen bilden im strengen Sinne des Wortes keine eigentliche Nation, sondern sind, ähnlich den Beduinen, in eine Anzahl Stämme getheilt, die sich oft blutig bekriegt haben und es zum Theile noch thun. Es sind, wie wir später sehen werden, kaum 130 Jahre, seit die afghanischen Stämme durch Achmed Schah zu einer etwas losen Monarchie zusammengefasst worden sind. Die Zeit und die ganze Regierungsform waren nicht ausreichend, in ihnen ein allgemeines nationales Bewusstsein zu wecken und zu pflegen, und so fühlt sich bis auf den heutigen Tag der echte Afghane nicht sowohl als Afghane, sondern als Glied dieses oder jenes Stammes; das einzige nationale Band, das sie zusammenhält, ist ihre Sprache, die in den östlichen und westlichen Dialect zerfällt, aber keine bedeutenden Differenzen aufweist, die Aussprache einiger Consonanten ausgenommen.

Es würde uns zu weit führen, alle afghanischen Stämme mit ihren Unterstämmen speciell aufzuzählen, wir werden uns daher auf die bedeutendsten derselben beschränken.

Ein Stamm wird als Ganzes „Ulus" genannt, was kein afghanisches, sondern ein turkomanisches Wort ist und „tribus" bedeutet; die Afghanen scheinen dieses Wort erst durch den Contact mit den turkomanischen Stämmen angenommen zu haben. Ein Ulus theilt sich gewöhnlich in eine

Anzahl von Unterstämmen, die Kheil genannt werden. Bei den Stämmen, die compact beisammen wohnen, ist die Verbindung der einzelnen Abtheilungen eine feste und im Bewusstsein aller Stammesglieder lebendig; die Stämme dagegen, die sich örtlich getrennt haben, oder durch sonstige Ursachen auseinander gesprengt worden sind, haben schon theilweise und hie und da gänzlich das Gefühl der Zusammengehörigkeit verloren, so dass manche Kheil sich gar nicht mehr auf einen Ulus zurückführen. Die Afghanen sind von einem Geiste des Particularismus beseelt, wie die Deutschen, und die allgemeine Tendenz geht bei ihnen nicht mehr auf die Centralisation, sondern auf die möglichste Absonderung. Es kommt daher bei ihnen oft vor, dass um geringfügiger Ursachen willen der eine oder der andere Kheil sich von seinem Ulus lossagt und sich an einen anderen anschliesst, oder wenn es irgendwie ohne Gefahr durchzuführen ist, auf eigene Hand fortwirthschaftet. Diese Verschiebung der Stammesverhältnisse hat manches Unklare erzeugt und ist seit alten Zeiten eine Hauptursache der Schwäche der Afghanen gewesen.

Indem wir die Stämme, die entweder auf britischem Gebiete wohnen oder ganz unabhängig ausserhalb der politischen Grenze Afghanistans sich befinden, bei Seite lassen, theilen wir die afghanischen Stämme, wie sie es auch selbst theilweise ganz richtig thun, in östliche und westliche ein. Die ersteren fassen sie unter dem Namen Larpuschtun (untere Afghanen), die letzteren unter dem von Barpuschtun (obere Afghanen) zusammen.

Im nördlichen Theile des Solimangebirges, angrenzend an das Land der Chatak und Bangasch, wohnen die Wasirai, die sich jetzt nach der politischen Abgrenzung theilweise auf britisches Gebiet erstrecken und höchst turbulente Nachbarn sind. Soweit sie auf der afghanischen Seite wohnen, bilden sie kleine Kheil, die ganz unabhängig sind und entweder als Vorstand einen Khan haben oder gewählte Malik. Weiter gegen Süden wohnt der Daulat-Kheil und um den Tukht-i-Soliman herum die Schiranai, an welche die Marrai angrenzen. Alle diese Stämme sind unabhängige Demokraten, die in primitiver Ungebundenheit dahinleben; von einer eigentlichen Regierung ist bei ihnen gar keine Rede. Die Aeltesten der Familien schlichten kleinere Zwistigkeiten, und gröbere Verbrechen, die aber unter ihnen selten sein sollen, werden vor die Jirgah oder Volksversammlung gebracht. Fast alle diese Stämme führen ein bedürfnissloses Hirtenleben und ihr Hauptreichthum besteht in Ziegen; nur in den Thälern wird etwas Weizen gebaut. Mit der Regierung in Kabul stehen sie nur nominell in Verbindung, und wenn der Emir etwas durchsetzen will, muss er die Aeltesten zuvor gewinnen.

Die Kaibarstämme werden ebenfalls zu den östlichen Afghanen gerechnet, schon ihrem Dialecte nach. Es sind dies drei Stämme: die Afridi, Schinwarai und Wurukzai, die im Ganzen etwa 150.000 Seelen zählen mögen und häufig unter sich selbst im Streite liegen. Es sind hagere, aber musculöse Leute, mit hohen Nasen und Backenknochen und von ziemlich dunkler röthlicher Gesichtsfarbe. Sie gehen immer bewaffnet, und das lange afghanische Messer fehlt nie in ihrem Gürtel. Wenn sie nach Peschawar hereinkommen, werden ihnen am ersten britischen Grenzposten die Waffen abgenommen, die sie, wenn sie zurückkehren, wieder erhalten. Die Kaibarstämme haben sich nach und nach in ein friedliches Verhältniss zu den indo-britischen Behörden in Peschawar gesetzt und verdienen sich durch Beischaffung von Holz, Kohlen und im Frühling von Schnee (den sie per Eselslast um zwei Rupien verkaufen), sowie durch Verfertigung und Verkauf von Matten manch schönes Stück Geld. Sie gehören jedenfalls zu den uncultivirtesten der afghanischen Stämme und sind berüchtigte Wegelagerer, wozu ihnen der Kaibarpass die beste Gelegenheit giebt. Nominell unterstehen sie der Regierung zu Kabul, deren Macht aber nur so weit geht, als sie sie entweder zwingen oder mit Geld gewinnen kann. Alle afghanischen Regierungen haben den Kaibar Subsidien gezahlt, mit dem Auftrage, den Kaibarpass offen zu erhalten und zu beschützen, und auch die indo-britische Regierung hat es für klug gefunden, sich dieselben durch jährliche Geschenke an die Malik zu verpflichten. Eine eigentliche Regierung giebt es bei ihnen nicht, sondern ihre Malik schlichten ihre Händel, soweit die Parteien sich ihrem Ausspruch unterwerfen, andernfalls greift jeder zur Selbsthilfe, was oft zu inneren blutigen Fehden führt.

Die östlichen Stämme sind jedenfalls diejenigen, die in der Cultur am weitesten zurückgeblieben sind, mit Ausnahme der Stämme im Peschawarthal, die sich an ein sesshaftes Leben gewöhnt haben. Die Chatak haben sich sogar durch literarische Bestrebungen ausgezeichnet. Die Anderen aber alle sind so ziemlich das geblieben, was sie von jeher gewesen waren, und deren Namen man je kaum gehört hat, ausser in Verbindung mit einer Blutthat oder einer Räuberei, obschon sie auf der anderen Seite viele männliche Eigenschaften besitzen, welche sie hoch über ihre östlichen Nachbarn stellen.

Von den westlichen Stämmen ist der bedeutendste der Stamm der Duranai, der alle afghanischen Stämme an Zahl und Ausdehnung übertrifft; er ist in neun Unterstämme abgezweigt, die aber alle durch ein starkes Stammesgefühl zusammengehalten werden. Der Kheil Popalsai gab früher den Afghanen ihre Könige, die aus der Familie der Sadozai genommen wurden, und so führte der Duranai-Stamm lange Zeit die Oberherrschaft, so dass nach ihm die afghanische Monarchie auch kurzweg die Duranai-Monarchie genannt wird. Früher hiessen die Duranai „Abdalai" und unter diesem Namen kommen sie in der Geschichte vor; ihr erster König Achmed Schah aber verwandelte ihren Namen in den der Duranai, der ihnen geblieben ist.

Das Gebiet des Duranai-Stammes ist etwa 800 Kilometer lang und circa 240 bis 280 Kilometer breit, im Norden grenzt es an die Aimakgebirge, im Westen an die persische Wüste, im Südwesten an Seistan, im Süden an das Amrangebirge und im Osten an das Land der Ghilzai, des zweitgrössten westlichen Stammes. Die Duranai haben den grössten und fruchtbarsten

Theil Afghanistans inne, da Kandahar und die Ufer des Hilmend zu seinem Gebiete gehören, je nach der Bodenbeschaffenheit sind sie daher Ackerbauer und Hirten. Die Duranai sind der geordnetste und civilisirteste Stamm der Afghanen, sie haben einen alten angestammten Adel, der ein patriarchalisches Regiment führt und im Namen der Regierung die Ordnung aufrecht hält. Die Duranai-Edelleute, die in ihren Sitten und Gebräuchen schon mehr den verfeinerten Persern gleichen, sind meist mehr gebildet und dem Luxus ergeben und das gerade Gegentheil von der Rusticität der östlichen Stämme, deren turbulenten Demokratien gegenüber sie mit ihrem Kheil die feste Stütze der Regierung bilden. Der Einfluss und die Macht dieser Duranai-Demokratie ist jedoch auf das Land beschränkt, wo sie ihre Sitze haben; die Städte und ihre Umgebungen sind ganz in der Hand der Regierung, die sie durch ihre Beamten verwalten lässt.

Der nächstgrösste Stamm ist der der Ghilzai, deren Gebiete auf der Westseite durch den Tarnak von dem der Duranai geschieden werden; im Süden ist es unbestimmt und verläuft sich in die Wüste, im Norden reicht es bis nach Kabul, ja die Hauptstadt selbst liegt im Ghilzai-Gebiete, deren wohlbebaute Umgebung von Ghilzai und Tadschiks bewohnt ist. Im Osten grenzt ihr Gebiet an das Solimangebirge und schliesst die Stadt Ghusni in sich. Die Ghilzai, die ebenfalls eine grosse Geschichte hinter sich haben, sind theilweise von Khans regiert, theilweise bilden sie kleine Demokratien. Sie sind ein unruhiges Volk und haben

— 51 —

Kandahar.

4*

unter den Afghanen einen üblen Namen um ihrer Raubsucht willen.

Am Beginne des vorigen Jahrhunderts herrschten die Ghilzai am Kaibarpass bis Kerman, im Jahre 1725 stürzten dieselben die Sufa wi-Dynastie in Persien. Im Jahre 1737 jedoch wurden sie von Nadir Schah besiegt; 1802 erhielten sie eine zermalmende Niederlage durch Achmed Schah Duranai in der Schlacht bei Sajawan; seither blieben sie stets durch den gegenwärtig herrschenden Stamm der Duranai unterjocht. Gleichwohl sind die Ghilzai die zähesten und tapfersten der Afghanen und zeigten im Kriege von 1839 die verzweifeltste Bravour.

Die Ghilzai theilen sich in die zwei Hauptabtheilungen: Ibrahim und Turan; die ersteren zerfallen in dreizehn, die letzteren in drei Kheils oder Clans. Sie breiten sich von den Nordabhängen des Sefid Kuh und der Nachbarschaft von Kabul bis Kandahar aus. Einige sind einzig mit der Bebauung der Thalgründe beschäftigt, Andere befassen sich ausschliesslich mit der Viehzucht und bringen ihre Heerden von den Sommerweiden im Winter nach den Hängen mit gemässigterer Temperatur. Die Ghilzai bewohnen die Logar-, die Tarnak- und Argesan-Thäler, das Gebiet am Ab-Istadah-See und die Ebene um Ghusni und Kilati Gildschi. Ihre Zahl wird auf 700.000 Mann veranschlagt, worunter 40.000 Streiter; doch verhindern fortwährende Fehden ein vereinigtes Vorgehen.

Es erübrigt uns noch, des bemerkenswerthen Stammes, der Soldaten und Kaufleute, wenn wir sie so nennen dürfen, zu gedenken, welche ihren

Weg durch die Pässe herab allen Hindernissen zum Trotz erkämpfen. Die Geschichte der Povindahs, so nennen sich dieselben, ist ebenso aussergewöhnlich als interessant.

Es ist dies ein Stamm, der etwa 12.000 Kaufleute und 35.000 Kameele zählt. Ihre Karawanen vereinigen sich im Herbste zu Ghusni, und seit Akbar's Zeiten her erkämpfen sie sich zweimal des Jahres ihren Weg durch den Gomal- und andere Pässe nach den Ebenen Indiens. Jeder Herbst sieht die grossen Kafilas dieser Krieger-Kaufleute von ihren fernen Wohnstätten niedersteigen, bis auf die Zähne bewaffnet und bereit, sich mit Wasirai oder den anderen Räubern der Gebirge zu schlagen. Sie lassen ihre Familien im Heimatlande zurück und breiten sich über Indien aus. Im März vereinigen sie sich wieder und erkämpfen sich den Rückzug durch die Pässe nach den Ghusni- und Kilati Gildschi-Districten. Von dort aus senden sie Karawanen nach Kabul, Kandahar, Herat und Buchara, und Alle kehren rechtzeitig zurück, um sich der nächsten Herbstexpedition wieder anschliessen zu können. Diese bewegt sich in drei Abtheilungen, welche bestimmte Entfernungen von einander einhalten.

Die Povindahs theilen sich in vier Kheils: die Lohanis, bestehend aus 1010 Familien, die einen Jahrestribut von 600 Rupien an den Emir für das Weiderecht um Ghusni und Transitzölle bezahlen; die Nazars, 1850 Familien zählend, sie entrichten an den Chef der Turan-Ghilzai zu Murgha 3000 Rupien für das Weiderecht; die Neazis mit 6000 und die Kharotis mit 1500 Zelten. Der englische Capitän

Broadfort begleitete sie über die Gomalstrasse im Jahre 1839. Ihr Handel wird auf 3,000.000 Pfd. Sterl. veranschlagt. Die Thatsache, dass dieser Stamm Jahr für Jahr diesen Handel, allen Hindernissen zum Trotz, fortbetreibt, spricht für dessen Lebensfähigkeit und Bedeutung und lässt auf die mächtige Ausdehnung schliessen, welcher derselbe, wenn unbehindert seinem natürlichen Lauf überlassen, fähig wäre. Die Kakar, die das Monopol des Asafoetida-Handels haben, und die Ghilzai würden gleich freudig die Eröffnung der Pässe willkommen heissen. Diese Thatsachen verweisen auf die Art der von der indischen Regierung einzuschlagenden Grenzpolitik. Wenn ähnlich befestigte Linien wie am Fusse der Gebirge auch an den inneren Abhängen der Plateau's, und zwar mit stark befestigten Positionen zu Ghusni, Kilati Gildschi, Kandahar und Ghirischk errichtet würden, so befänden sich die Raubhorden zwischen zwei Feuern. Sie würden dann das Plündern und Morden nicht nur jenseits, sondern auch in den Gebirgen selbst aufgeben müssen und gezwungen sein, sich als friedfertige Hirtenvölker und Ackerbauer niederzulassen, der Povindah-Handel würde sich ohne Hindernisse entwickeln und die Ghilzai und andere Bewohner des Hilmendbeckens würden in den gesicherten Besitz ihrer Rechte treten.

Die Afghanen sind das einzige Volk in Asien, das kleine Republiken gebildet und sie mit aller Kraft aufrecht erhalten hat. Wir haben gesehen, wie dieser demokratische Zug fast alle Stämme charakterisirt, wo sie nicht mit Waffengewalt unterworfen sind; selbst die westlichen aristokratisch regierten Stämme sind keineswegs ihren Khans unbedingt gehorsam, sondern der Khan ist vielmehr der Rangälteste, der alle gemeinsamen Massregeln im Einverständniss mit den Aeltesten vornehmen muss, wenn er nicht verjagt werden will. Die älteste Stammverfassung haben die unabhängigen Stämme bewahrt, und in dieser Beziehung mögen die Yufuzai am Swat als Beispiel dienen. Als sie dieses Land erobert hatten (in der Mitte des XIV. Jahrhunderts), nahmen sie alles Land den übrig gebliebenen Swatis ab und degradirten sie zu einer Art von Hörigen. Das Land wurde durch das Loos unter die einzelnen Kheils vertheilt und ihnen als gemeinschaftliches Eigenthum zugewiesen; innerhalb der Kheils aber müssen die einzelnen Unterabtheilungen alle zehn Jahre wieder loosen, und je nachdem das Loos fällt, gegenseitig ihre Districte austauschen, die Malik der Abtheilungen ziehen das Loos, und der Umtausch (den sie vêsah, „Theilung", heissen) soll ohne viel Confusion und Streit stattfinden. Die Hörigen gehören dagegen der einzelnen Familie an, nicht dem Kheil; sie müssen die Aecker gegen einen gewissen Antheil an den Producten bestellen und sonst ihrem Herrn Dienste leisten, werden aber im Allgemeinen mild behandelt, obschon der Herr sie schlagen oder gar tödten kann, ohne dass viel darnach gefragt wird.

Von den eigentlichen Hörigen im strengen Sinne unterscheiden sie sich dadurch, dass es ihnen gestattet ist, wegzuziehen, obgleich dies höchst selten der Fall ist, da sie dadurch schutzlos werden. Sie haben keinerlei politische Rechte, sondern ihr Herr vertritt sie in allen Angelegenheiten.

Viel gelinder wurden im westlichen Afghanistan die früheren Einwohner, die Tadschiks, behandelt; sie wurden zwar im Allgemeinen auch depossedirt, aber nicht zu Hörigen herabgedrückt und, soweit sie compact zusammenwohnten, sogar im Besitz ihrer Dörfer gelassen, wenn sie den Schutz eines Duranai-Edelmannes sich zu verschaffen wussten, dessen Clienten sie wurden. Sklaven giebt es nur wenige; der Menschenverkauf ist den Afghanen ein Gräuel und das grösste Schimpfwort bei ihnen ist „adamfurusch", Menschenverkäufer, womit sie häufig die menschenstehlenden Usbeken belegen.

Interessant ist die Stammverfassung der Yusufzai. Jedes Dörfchen oder jede Sippe wählt seinen Muschir (Rathgeber), der gewöhnlich der angesehenste und reichste Mann ist. Dieser hält ein öffentliches grosses Wohngemach, wo alle Berathungen stattfinden und wo fast allabendlich die Männer zusammenkommen, um zu schwatzen und die Wasserpfeife (Kalian genannt), welche in der Runde umgeht, zu rauchen. Der Kheil tritt alle Jahre einmal zusammen und wählt die Malik, deren Zahl von 6 bis 12 wechselt. Diese sind die eigentlichen Oberhäupter und rufen, wenn irgend eine gemeinschaftliche Angelegenheit zu berathen ist, den Kheil durch die Muschire zu einer Landgemeinde, die „jirgah" heisst, zusammen.

Die Männer erscheinen alle bewaffnet mit dem Luntengewehr und dem langen afghanischen Messer, nebst dem sie noch oft einen langen Speer in der Hand tragen. Auf diesen Landgemeinden geht es oft stürmisch her und manche enden mit Blutvergiessen. So lange die Yusufzai sich noch äusserer Angriffe zu erwehren hatten, traten die Kheil zu einer grossen Landgemeinde des ganzen Ulus zusammen, um kriegerische Expeditionen zu beschliessen, wobei sie von ihren Maliks befehligt wurden; seit sie aber von aussen nicht mehr angefochten wurden, zerfiel der Stamm (der auf etwa 700—800.000 Köpfe geschätzt wird) in seine einzelnen Kheil, die sich wenig oder gar nichts mehr umeinander kümmern.

Die Yusufzai sind äussert stolz auf ihre Freiheit und Unabhängigkeit und sehen auf die modernen Afghanen, welche unter der Regierung von Kabul (oder gar der britischen) stehen, mit Verachtung herab und lassen sie kaum als Afghanen gelten.

Dieses Gefühl der Freiheit und Ungebundenheit durchdringt mehr oder minder alle Afghanen, und bekannt ist die Antwort, welche ein alter Afghane seinerzeit dem englischen Gesandten Elphinstone am Hofe von Peschawar gab, nachdem ihm dieser die Vortheile einer geordneten Regierung auseinandergesetzt hatte: „Wir sind zufrieden mit unseren inneren Zwistigkeiten, Streit und Blutvergiessen, aber mit einem Herrn werden wir nie zufrieden sein!"

Der unabhängige Sinn wird dadurch genährt, dass weitaus die Mehrzahl der Afghanen immer noch Hirten sind; sie bauen zwar daneben etwas Land, aber das Hirtenleben wird doch vorgezogen und womöglich der Landbau den Tadschiks überlassen; die cultivirtesten Gegenden um Kandahar und Kabul sind daher meistens in den Händen von

Tadschiks. Wir haben schon bemerkt, dass Afghanistan nur wenige grosse Städte besitzt, weil der Afghane keine Lust hat, in Städten zu wohnen — die Bevölkerung von Kandahar und Kabul besteht daher zum geringsten Theil aus Afghanen — da der echte Afghane zwar den Handel nicht verachtet, aber sich nicht leicht entschliesst, ein Handwerk zu treiben. Nur vornehmere Afghanen oder grössere Kaufleute. (die Karawanen-Händler) wohnen in den Städten, denen ein gewisser Luxus zum Bedürfniss geworden ist.

Die Sitten der Afghanen sind äusserst einfach, aber doch mit einem gewissen Anstand verbunden; das kriechende Wesen der Indier ist ihnen ganz fremd und auch dem Europäer gegenüber betrachten sie sich als völlig ebenbürtig.

Die Afghanen sind alle Mohamedaner und fast ausschliesslich Sunniten; Schiiten sind nur die nördlichen Hesare und die zufällig in Afghanistan lebenden persischen Handwerker oder Kaufleute, sowie die in einer Vorstadt von Kabul von Nadir Schah angesiedelten Kizilbasch, von denen schon die Rede gewesen ist. Sie sind mehr oder minder fanatisch, wie alle Mohamedaner, je nach ihrem Bildungsgrad; die gebildeten Classen, die sich grösstentheils dem Sufismus zuneigen, und sufische, persische und afghanische Dichter mit Vorliebe lesen, sind dagegen gegen Andersgläubige tolerant und huldigen nicht selten einem gewissen religiösen Indifferentismus.

Trotz der Annahme des Islam ist der Koran bei ihnen nicht in allgemeine Geltung als Gesetzbuch gekommen; die unabhängigen afghanischen

Stämme hatten schon einen gewissen Gebrauch in ihren inneren Angelegenheiten ausgebildet, von dem sich ihr unbändiger Sinn auch durch die neue Religion nicht abbringen liess; sie nennen das Paschtunval (Gebrauch der Afghanen) und es hat noch jetzt unter ihnen allgemeine Geltung. Dieser traditionelle Gebrauch bezieht sich hauptsächlich auf das Mein und Dein, auf Weidegerechtigkeiten, auf Entschädigungen bei Beschädigungen und körperlichen Verletzungen, sowie auf die gestattete Selbsthilfe und die Blutrache.

Höchst wichtig für den inneren Zustand eines Volkes ist die Stellung der Frauen, die darum hier mit einigen Worten berührt sein mögen, weil bei den Afghanen manches eigenthümliche Leben zu Tage tritt.

Sie kaufen ihre Frauen, wie so manche andere orientalische Völker, d. h. sie bezahlen dem Vater der Braut eine gewisse Summe, je nach ihren Vermögensverhältnissen. Im östlichen Afghanistan herrscht die indische Unsitte vor, Knaben von 14—16 und Mädchen von 10—12 Jahren zu verheiraten; im westlichen dagegen sind Heiraten im mannbaren Alter Sitte, im Ganzen aber hängt es besonders bei den ärmeren Classen davon ab, wann der Mann im Stande ist, die geforderte Summe für eine Braut erlegen zu können. Da die Geschlechter, besonders bei den Hirtenstämmen, nicht so getrennt sind, und die jungen Leute daher Gelegenheit haben, sich kennen zu lernen, so werden häufig bei ihnen die Heiraten nach gegenseitiger Neigung geschlossen. Die jungen Leute legen sich oft grosse Opfer auf, um das

Brautgeld erlegen zu können, ja, sie wandern sogar nach Indien, um dort schneller sich die nöthige Summe zu erwerben; mehrere Beispiele dieser Art sind in Indien bekannt.

Unter den asiatischen Völkern sind die Afghanen die einzigen, bei denen das Wort „Liebe" in unserem Sinne vorkommt und verstanden wird; sonderbar ist es auch, dass „Liebe" bei ihnen „minah" heisst. Die Polygamie kommt vor, aber nur bei den Vornehmeren und Reichen, höchst selten bei dem gemeinen Volke.

Höchst auffallend ist bei den Afghanen der Gebrauch, dass, wenn der Mann vor seiner Frau stirbt, es als Pflicht des Bruders des Verstorbenen gilt, seine Witwe, wenn sie keine Kinder hat, zu heiraten. Weigert er sich, sie zu heiraten, so darf doch Niemand sie ohne seine Zustimmung heiraten, was eine tödtliche Beschimpfung wäre. Um dieser Levirats-Ehe willen haben schon manche Engländer die Behauptung aufgestellt, dass die Afghanen von den Juden abstammen; diese Sitte beweist jedoch noch nichts, und es muss als Uebertreibung bezeichnet werden, wenn man ihnen andere jüdische Sitten hat zuschreiben wollen, die im Islam ihren Grund haben.

Die Erziehung der Frauen ist keineswegs so vernachlässigt, wie man etwa vermuthen könnte, da die Afghanen sich nicht so eifersüchtig abschliessen wie andere mohamedanische Völker. Viele, besonders in den höheren Classen, können lesen und schreiben; von einer Frau des Chatak-Häuptlings Kusch-hal Khan, der lange in Indien gefangen sass, sind schöne Gedichte erhalten, womit sie die ihr von ihrem Manne zugesandten beantwortete.

Die Afghanen sind im Ganzen ein wissbegieriges Volk, weit mehr als irgend ein anderes asiatisches Volk. Mit einem Indier kann man lange bekannt sein, und es wird ihm kaum einfallen, Fragen über Europa zu stellen. Ganz anders der Afghane, der ungemein neugierig ist und über Alles, was er zum ersten Mal sieht, oder was ihm auffällt, aufgeklärt sein möchte. Die Erziehung der Jugend ist in Afghanistan weit nicht so vernachlässigt, wie dies vor Kurzem noch in Indien der Fall gewesen ist. Fast in jedem Dorfe oder Lager ist ein Achund (Schulmeister, im Westen Mulla geheissen), der der Jugend schreiben und lesen und die nöthigen Gebete lehrt; er ist zugleich Vorbeter und Geistlicher und erhält entweder ein Stück Land zu seinem Unterhalt oder bei den Hirtenstämmen Schafe und Ziegen, nebst kleinen Beiträgen von seinen Schülern. Mit dem Schulzwang hat es natürlich noch gute Wege, aber immerhin kann man annehmen, dass etwa ein Viertel der Bevölkerung lesen und schreiben kann. Der Unterricht ist afghanisch, aber doch lernen die meisten auch etwas persisch, das im Westen theilweise Muttersprache ist. In den Städten sind regelmässige Schulen, wo Unterricht im Persischen und Arabischen ertheilt wird; persisch ist ohnedies die gewöhnliche Umgangssprache in Kandahar, Kabul und Peschawar, wo nur das gemeine Volk afghanisch spricht.

Werfen wir nun einen Blick auf die Völkerschaften in den Provinzen jenseits des Hindukusch.

Kabul, die Residenz Schir Ali's.

In diesen bilden die Usbeken oder Oesbegen die herrschende Bevölkerung, die als Eroberer die in den Fluss- und Oasengebieten eingesessene, iranische oder tadschikische unterjochte. Auch sie bilden keine besondere Nation oder einen eigenen Volksstamm, sondern gehören zu der grossen türk-tatarischen Race. Der Name Usbek tritt zuerst im XV. Jahrhundert zu gleicher Zeit mit dem Namen Qazag, dessen Bedeutung Vagabund ist, in der Geschichte Centralasiens auf, wodurch jedoch in keiner Weise eine besondere Race bezeichnet wurde. Usbeken nannten sich damals die türkischen Stämme und Geschlechter, welche in dem Reiche Kiptschak, dem westlichen Mongolenlande, die herrschende Classe bildeten, aber keineswegs ein besonderes Volk darstellten, sondern aus einem Gemisch verschiedener asiatischer Völkerschaften zusammengesetzt waren. Seit dem XVI. Jahrhundert herrschen die Usbeken im turanischen Hochlande, so in den Chanaten Chokand, Buchara und in Chiwa, und sind auch hier als keine besondere Nation, sondern vielmehr als ein Gemenge verschiedenartiger türkisch-centralasiatischer Elemente anzusehen, die nur durch ein historisch-politisches Band, nicht aber durch ihre Abstammung ein Ganzes bildeten und sich von den anderen Bewohnern des Landes durch Sprache, Sitten und Körperbeschaffenheit unterscheiden. Die Herrschaft derselben über die eingeborenen Tadschiks war weder auf numerische, noch auf geistige Ueberlegenheit gegründet. Sie waren die Eroberer und blieben den Unterjochten gegenüber als mächtige Krieger die Herrscher in politischer und administrativer Hinsicht; ihre Sprache wurde die dominirende im Lande. Sie bilden auch jetzt noch den aristokratischen, kriegerischen Bestandtheil der Bevölkerung, ebenso in Chokand, Buchara und Chiwa. Aus ihnen wurden ausser den höheren Beamten, Staatsfunctionären, namentlich was Steuer- und Abgabenwesen betrifft, die Heeres- und Landespolizei gebildet, aus ihnen die Verwaltungschefs, die Gouverneurs und die Führer der Truppen, die Begs u. s. w. entnommen. Dadurch hatten sie politisch und administrativ die Macht und den Einfluss des Landes ausschliesslich in ihren Händen, wodurch sie oft dem Beherrscher des Landes selbst gefährlich wurden, und zahlreiche Aufstände gegen die Souveräne hervorzurufen im Stande waren. Die Religion der Usbeken ist der sunnitische Mohamedanismus. Sie zeichneten sich seit jeher durch religiösen Fanatismus aus, der sie ganz besonders zu Feinden der christlichen Fremden machte.

Die Usbeken halten viel auf ihre Stammesherkunft und die verschiedenen Stämme und Familien, in die sie sich theilen, geniessen verschiedenen Rang und Ansehen. Einzelne derselben, aus denen hauptsächlich die Stammeshäupter und Beherrscher hervorgegangen sind, halten sich für besser als die anderen und bilden somit eine Art Blutaristokratie. Eine Vermischung mit den unterworfenen Tadschiks trat deshalb nur in beschränktem Masse ein, obwohl dieselben durch ihren regen Fleiss und Sinn für Handel und Gewerbe ihnen social, namentlich was Vermögen anbelangt, überlegen sind. Die Vielweiberei und die Macht des

Koran, nach dem alle Rechtgläubigen gleichgestellt sind, haben auch hier abschwächend auf die absondernde Tendenz der aristokratischen Usbekenfamilien gewirkt. Nach der Lebensweise könnte man drei Classen unter den Usbeken unterscheiden. Den grössten Theil derselben bilden mit den Tadschiks zusammen die Einwohner der Städte und Ortschaften. Nur ein kleiner Theil führt als kriegsbereite Nomaden das Nomadenleben. Ein kleiner, dritter Theil schliesslich bildet den Uebergang zwischen dem nomadisirenden und sesshaften Theile, indem er die Lebensweise jener beiden vereinigt. Diese letzteren treiben Ackerbau, und so lange sie die Arbeit der Bodencultur im Sommer und Winter an die bewässerten Gebiete der Flüsse fesselt, führen sie ein sesshaftes Leben zum Theil in Kibitken, zum Theil in kleinen aus Lehm gebrannten Höfen und Stallungen, die übrige Jahreszeit hindurch ziehen sie mit ihren Heerden und Filzzelten in die Steppe und führen hier das unstete, abenteuerliche, aber gerade deshalb so reizvolle Leben der eigentlichen Nomaden. Der Usbek im Allgemeinen zeigt darin eine Verwandtschaft mit dem Charakter des Kirghisen; er liebt das Kriegs- und Wanderleben und lebt zum Theil in den Städten nur des Interesses wegen. Die Städtebewohner, bemittelt und reich geworden, verlassen häufig ihre Wohnungen, um als Nomaden in die Steppe zu ziehen. Ueberhaupt trägt die Lebensweise des Usbeken noch ganz den Stempel des mongolischen Steppenwesens, das auch dem Kaissaken eigen ist. Alle Arbeit und Sorge ist dem Usbek zuwider. Im öffentlichen Leben überlässt er dies dem strebsamen fleissigen und geistig überlegenen Tadschik oder Perser, in dem eigenen Hauswesen seinen Sklaven, unter denen seine Frauen ihrer Stellung nach mitzurechnen sind. Um die Erziehung seiner Kinder kümmert er sich nicht eher, als bis sie im Stande sind, als mannhafte Jünglinge Waffen zu tragen, ein Pferd zu tummeln, um von dem Vater auf seinen Reittouren mitgenommen, zum Krieger oder Waidmann herangebildet zu werden, Jagd, so namentlich die Falkenjagd, auf das kleine Steppenwild und Hetzjagden auf die Steppenantilopen einerseits, Kriegsübungen, Scheingefechte und Pferderennen, oft zu den höchsten Preisen, andererseits gehören zu ihren Lieblingsbeschäftigungen. Ihre besondere Liebhaberei ist die Hundezucht. Im Uebrigen verbringen sie die grösste Zeit ihres Lebens mit einem gewissen, anschaulichen, dem Orientalen eigenen, sinnlichen Nichtsthun im Kreise ihres Harems, das höchstens durch Rauchen aus den Wasserpfeifen oder Opiumgenuss unterbrochen wird. Vielfaches Baden oder Waschen, was als strenge Religionsübung genau nach den Vorschriften des Koran auf das Strengste ausgeführt wird, und copiose Mahlzeiten, bei denen sie eine nach europäischen Begriffen unglaubliche Quantität Fleisch zu vertilgen vermögen, bilden sonst fast ausschliesslich ihre Beschäftigung. Uebrigens sind sie im Allgemeinen gutmüthige, gastfreie und ehrliche Naturen, wenigstens im Verhältnisse zu den hinterlistigen Charakteren, die sonst gewöhnlich mit orientalischer Gesittung verbunden sind.

Die Tadschiks vertreten die Urbevölkerung des Landes von iranischem Blute, direct stammverwandt mit den Persern. Der Name Tadschik tritt hauptsächlich in seiner richtigen Bedeutung im oberen Syr- und oberen Amu-Gebiete auf, während am untern Syr und untern Amu, so namentlich in Chiwa für die tadschikischen Elemente der Name Sart gebraucht wird. Sie bilden entschieden in den nördlichen Provinzen das wichtigste Volkselement. Obwohl sie den unterjochten, von den Usbeken beherrschten Stamm bilden, so sind sie durch ihren durch Biegsamkeit, Gewerbefleiss und Handelseifer erworbenen überlegenen Wohlstand dennoch der einflussreichste und massgebendste Bestandtheil der Bevölkerung Badakschans. Die Tadschiks sind hier wie auch in den übrigen Provinzen des Afghanen-Reiches die fleissigsten, keine Mühe scheuenden Ackerbauer, die geschicktesten Handwerker, gleichzeitig die emsigsten Kauf- und Handelsleute. Sie sind deshalb bei der thatlosen Indolenz der Usbeken in jeder Beziehung die Vertreter der mittelasiatischen Cultur- und Volksbildung. Mit ganz verschwindenden Ausnahmen sind sämmtliche Tadschiks angesiedelt und wohnen gemischt mit anderen Volkselementen, vorzugsweise in den Städten Balch, Chulm, Kundus u. s. w.

Das Aeussere der Tadschiks lässt mehr wie alles Andere ihre arische Abstammung erkennen. Sie erinnern lebhaft an den iranischen Typus, obwohl sie von weniger brauner Farbe sind als die heutigen Perser. Unter den Tadschiks findet man ideal schöne Gestalten, deren Regelmässigkeit und Vollkommenheit in Staunen und Verwunderung versetzt und geradezu an europäische Typen erinnert. Die Tadschiks bilden einen durchaus schönen

Menschenschlag mit hoher Stirn, ausdrucksvollen grossen und oft schönen Augen, wohlgeformter und feingeschnittener Nase, schmalen frischen Lippen und dunklen schönen Haaren, namentlich starkem üppigen Bartwuchs. Die Typen der Tadschiks sind jedoch im Allgemeinen sehr verschieden und zeigen die Spuren vielfacher Vermischung mit anderen Elementen. Neben der persischen Physiognomie sind bei ihnen die Typen der Usbeken ebenso wie die der Armenier, Hindus, Juden und selbst Russen erkennbar, ein Umstand, der wohl daraus erklärlich ist, dass die Harems der wohlhabenden Tadschiks durch Sclavinnen aus allen Nachbargebieten recrutirt werden, und dies verhältnissmässig in grösserem Massstabe als bei den Usbeken, da jene wegen ihres Reichthums und Schacherlebens in ausgedehntem Masse im Stande sind, sich ihren Harembedarf auch von fernen Märkten zu verschaffen. Die Tadschiks vertreten, was ihre Thätigkeit anbelangt, in Centralasien und Afghanistan gewissermassen die Stelle der Juden in Europa: sie leben nur für ihr Interesse und ihren Gewinn. Handel und Schacher sind für sie Alles und opfern sie diesen gerne Ehre und Gewissen. Für die Aussicht auf den kleinsten Gewinn machen sie die weitesten Wege, die unermüdlichsten Anstrengungen, verschachern sie Weib und Kind, Ehre und Vaterland. Dabei sind sie von den niedrigsten und gemeinsten Lastern, die es irgend giebt, beherrscht, geistig wie sittlich verkommen, feige, muth- und energielos und haben einen unbegreiflichen Abscheu vor dem Waffen- und Kriegshandwerk.

Wenn auch den Mächtigen gegenüber, welche die Gewalt in Händen haben, anscheinend gutmüthig, dienstfertig und unterwürfig, so sind sie dagegen doppelt tyrannisch, unerbittlich und viehisch grausam gegen ihre Sclaven. Dem Grundzuge ihres Charakters nach erscheinen sie nur falsch, betrügerisch und habgierig, kriechend und schmeichelnd den Machthabern gegenüber, von deren Gunst sie ihren Vortheil erhoffen. Wenn auch durch ihre Arbeitsamkeit und ihren Fleiss ruhiger und in politischen Dingen gleichgiltiger und theilnahmsloser als die Usbeken, sind sie deshalb dennoch politisch viel unzulässiger als jene, indem sie ihre Gesinnung nur nach den Verhältnissen richten, und die Fahne stets nach dem Winde hängen.

Von Bedeutung sind sie vor Allem wegen ihres Reichthums und ihrer daraus hervorgehenden Zahlungsfähigkeit, ein Umstand, der bei den mittelasiatischen Herrschern eine grosse Rolle spielt. Durch Bestechung und grosse Geldopfer gelangen sie auch deshalb vielfach zu hohen Aemtern, in denen sie dann noch weniger ehrlich und noch intriguanter sind als die Usbeken-Beamten.

Die Religion der Tadschiks ist der Islam, obwohl sie, wie es scheint, auf die Religionsübung nicht mehr Gewicht legen, als es ihnen für ihr irdisches, materielles Interesse von Bedeutung erscheint. Trotz alledem bleiben die Tadschiks die Vertreter des civilisirten Theiles der central-asiatischen Bevölkerung. Sie liefern nicht allein die Vertreter des Handels, der Industrie und der gewerblichen Thätigkeit, sondern ebenso sehr die der Gelehrsamkeit, Kunst und Wissenschaft. Sie sind sprachgewandt und meistens des Schreibens und Lesens kundig. Sehr treffend ist die Charakteristik, die Wenjukow über die Tadschiks in seinen Völkerschilderungen giebt. Nach ihm ist das Stammprincip nur sehr schwach bei denselben vertreten, der Tadschik ist mehr Kosmopolit als der Usbek. Dem entsprechend hat er auch besonders die Fähigkeit, sich fremdem Joche unterzuordnen. Das Gefühl für nationale und persönliche Ehre ist deshalb bei ihm nur schwach vertreten. Er ist prahlerisch, aber nicht stolz, er weiht alle seine Geisteskräfte nur dem Gewerbe und beschränkt sich nicht in der Wahl der Mittel, um Reichthümer anzusammeln, wenn man ihm nur nicht einen entschiedenen und drohenden Gegner, dem gegenüber er feige ist, persönlich entgegenstellt. Vor jedem Kampfe, vor Waffen überhaupt hat er eine seltsame unüberwindliche Abneigung, weshalb ihm auch von den kriegerischen und muthigen Turkstämmen, den Usbeken und Khirgisen, der verächtliche Ausdruck „Ladyk", d. h. verfault, beigelegt wird.

In Bezug auf die Kopfzahl der einzelnen Stämme der Afghanen und übrigen Völkerschaften des Landes bestehen, wie leicht begreiflich, keine bestimmten Angaben, da hier von einem Census keine Rede ist.

Approximativ lässt sich die Bevölkerung nach Thornton's älteren Angaben aus dem Jahre 1844 mit Berücksichtigung der seitherigen Zunahme, wie folgt, schätzen.

Afghanische Stämme.

Duranai	900.000
Yusufzai	800.000
Ghilzai	700.000
Kakar	200.000
Kaibarstämme	190.000
Chatak	100.000
Grenzstämme im Kurum- u. Gomalpass	260.000
Stämme im Solimangebirge	200.000
Nomadisirende Stämme	150.000
	3,500.000

Tataren und andere Stämme.

Balutschen	50.000
Tadschiks	1,200.000
Usbeken und andere tatarische Stämme	900.000
Hesare und Aimaks	200.000
Hindus, Armenier, Perser u. s. w.	150.000
Totalsumme der Bevölkerung Afghanistans	6,000.000

Industrie und Handel.

Gegenwärtig sind die Industrie und ihre Erzeugnisse kaum nennenswerth, wenn einmal jedoch das Land sich eines geordneten Staatshaushaltes erfreuen wird können und der Ackerbau in grösserem Umfange betrieben werden wird, können die Erzeugnisse aus Wolle und diese selbst einer der wichtigsten Artikel des National-Wohlstandes werden. Bisher wurden die besten Sorten der Wolle zu Shawls und Stoffen verarbeitet, und sind Kandahar und Kabul die Hauptsitze dieser Industrie, indessen stehen die afghanischen Shawls weit hinter jenen von Kaschmir, werden deshalb auch nicht ausgeführt, sondern im Lande selbst verbraucht. Von übrigen Industriezweigen ist die Waffenfabrication und die Erzeugung von Lederartikeln ziemlich umfangreich.

Trotz der mannigfachen Hindernisse, welche der Mangel einer wesentlichen und kraftvollen Regierung, die Raublust der Grenzstämme in den Püssen und die geringe Entwickelung der Industrie dem Handel bereiten, ist dieser immerhin namhaft zu nennen, allerdings ist der grösste Theil derselben Transithandel und verfolgt zwei Hauptlinien, wovon die eine aus Indien über Kabul nach Buchara und dem übrigen Centralasien, die andere durch den Bholanpass über Kandahar nach Herat und Yezd in Persien führt.

England und Russland sind daher auch auf handelspolitischem Gebiete in Afghanistan Rivalen. Die Ausfuhr Afghanistans nach beiden Richtungen umfasst vor Allem Droguen, Früchte in getrocknetem und frischem Zustande, Rohseide, Tabak, Wolle, Blei, Schwefel, Alaun und Zink, ausserdem werden Pferde und Kameele in grösserer Zahl ausgeführt. Die Vermittler des Transithandels sind die bereits erwähnten Povindah-Kaufleute, welche im Pendschab angekommen, ihre Kameele auf die Weide senden und mit ihren Waarenballen auf der Eisenbahn und per Dampfschiff nach Calcutta, Karatschi, Bombay reisen, man findet sie selbst in Assam und Birma. Von Ostindien bringen die Povindah Zeuge aller Art, Töpfer- und Metallwaaren, Indigo, Zucker, Gewürze, Thee, Cochenille,

Ammoniak, Krapp, Teppiche, Brocat, Münzen, Perlen, Draht, Opium u. s. w. nach Afghanistan, die grosse Masse geht indess, wie gesagt, weiter nach Centralasien. Der Werth des gesammten Povindah-Handels dürfte nach glaubwürdiger Schätzung 3 Millionen Pfund Sterling erreichen.

Staatsrevenuen und Streitkräfte des Landes.

Bei den höchst ungeordneten Verhältnissen in der Verwaltung lässt sich die Höhe der Einnahmen des Emirs nicht bestimmen, schätzungsweise glaubt man dieselben auf 500.000 Pfund Sterling beziffern zu können, von welcher Summe mehr als die Hälfte auf das Weiderecht und die Transitzölle entfällt. Die Höhe der Naturalsteuern, welche der Emir erhält, entzieht sich jeder Berechnung, sie repräsentirt aber jedenfalls eine weit beträchtlichere Summe als die in baarer Münze geleisteten.

Die Streitkräfte des Landes zerfallen in reguläre und irreguläre Truppen. Die regulären Truppen bestehen aus 18 Infanterie- und 4 Cavallerie-Regimentern mit zusammen 18—20.000 Mann. Die Zahl der Geschütze soll 80—100 betragen. Dost Mohamed, der Vater des gegenwärtigen Emirs, erhielt im Laufe seiner Herrschaft von der indobritischen Regierung 20.000 Rifle-, Enfield- und Snider-Gewehre, nebst einer vollständig ausgerüsteten gezogenen Feldbatterie sammt der entsprechenden Munition.

Diese Zahlen dürften der Wirklichkeit am nächsten kommen, da Schir Ali im Jahre 1869 im Kampfe gegen den Thronprätendenten Azim Khan 25.000 Mann und 30 Geschütze in's Feld stellen konnte. An irregulären Truppen (Miliz) vermag Afghanistan im Nothfalle 50—80.000 Mann aufzustellen, doch hängt diese Ziffer in erster Linie von der Bereitwilligkeit der einzelnen Kheils zur Heeresfolge ab.

Geschichte des Landes und des Volkes der Afghanen.

Die ältesten Nachrichten über Afghanistan treffen wir in der indischen Veda und gehen bis 1800 Jahre vor Chr. zurück. In den Hymnen der Veda ist von einer Gruppe von Flüssen, im äussersten Nordwesten des Sapta Sindhu (des heutigen Pendschab) die Rede und unter welchen der Kubha, Sveti, Krum und Gomatis namhaft gemacht werden. Wir erkennen in diesen ohne Mühe die heutigen Namen des Kabul (Cophes), Swat (Soastos der Griechen), Kurum- und Gomalflusses. Nähere und eingehendere Nachrichten verdanken wir dem Zuge Alexander des Grossen nach Indien. Hie und da tauchen auch später Nachrichten bei persischen und chinesischen Schriftstellern auf, bei letzteren in Folge der Reise eines Buddhisten, Hiue-n-tsang, welcher zweimal das Thal des Kabulflusses in der zweiten Hälfte des VI. Jahrhunderts nach Chr. durchwanderte. Die Afghanen hingegen traten erst später in die Geschichte deutlich erkennbar ein, sie werden zuerst in der Geschichte der Kriegszüge des Mahmud von Ghusni als nützliche und tapfere Verbündete der Ghasnawiden genannt.

Die Nachwanderungen fanden nur allmälig statt, und noch im XIV. Jahrhunderte sassen einzelne jetzt berühmte Stämme ausserhalb der heutigen Grenzen. Später noch wohnten die Kafirs oder Siaposch in grosser Zahl in den östlichen Provinzen Afghanistans, ebenso wie die Tadschiks in den westlichen. Erst gegen die Mitte des XVIII. Jahrhunderts sammelten sich die Afghanen zu einem geschlossenen und mächtigen Auftreten. Bis dahin waren sie den Persern, besonders zuletzt unter der energischen Regierung des Nadir Schah, unterthan. Nach dessen Tode 1747 benützte der dem Geschlecht der Abdalai entsprossene 23jährige, als Dichter und Geschichtschreiber bekannte Achmed Schah, die ausgebrochenen Unruhen in Persien, um das Joch der als Schiiten doppelt verhassten Perser abzuschütteln, was ihm auch gelang. Er gründete die Dynastie der Abdalai oder, wie er sie später benannte, Duranai. Er trat bald darnach als Eroberer auf und ward dabei vom Kriegsglück begünstigt, so dass vor seinem Tode sein Reich sich von Chorassan bis in das Pendschab erstreckte. Er ist auch der Gründer von Kandahar. Lange jedoch sollte die Herrlichkeit der Duranai-Dynastie nicht dauern, mit dem Tode seines Sohnes Mahmud im Jahre 1829 erlosch nach 76jährigem Bestande die Dynastie. Mit Ausschluss Herats ging nun das Reich in die Hände der Barakzai über, so dass in Kabul Dost Mohamed, in Kandahar Kohen-Dil, in Peschawar Sultan Mohamed zur Herrschaft gelangten. An der Spitze stand der älteste der drei Brüder Dost Mohamed als der Besitzer von Kabul.

Dennoch sollte der Friede das Volk nicht beglücken. Im Osten war Dost Mohamed im Kampfe mit Lahore; im Westen wurde Herat von Persien mit Krieg überzogen. Ausserdem erklärte der britische Generalgouverneur in Indien, Lord Auckland, am 1. October 1838 gegen Afghanistan den Krieg unter dem Vorwande, dass Dost Mohamed den britischen Alliirten Randschit-Singh unrechtmässig bekämpft, dass die Kriegspläne der afghanischen Fürsten feindliche Gesinnung wider Indien verriethen und dass Schujah-Schah als rechtmässiger Thronerbe sich Schutz erbeten habe. Es war dies Alles wohl richtig, gab aber den Briten immer noch kein Recht, Afghanistan zu bekriegen. Ein anglo-indisches Heer von 12.000 Mann und 40.000 Köpfen Lagergefolge brach nun im Februar 1839 nach Afghanistan auf, überschritt am 20. Februar den Indus, passirte nicht ohne grosse Verluste im März den Bholanpass, am 7. April den Khodschakpass und gelangte am 25. April nach Kandahar, wo Schujah-Schah von seinem Reiche förmlich Besitz nahm. Am 22. Juli wurde durch Verrath das für uneinnehmbar gehaltene Ghusni genommen. Am 6. August zog der Schah mit der britischen Hauptmacht in das verödete Kabul ein und die Engländer betrachteten schon das Land als Lehnstaat des anglo-indischen Reiches. Sie hatten hierbei weder die Natur des Landes, noch den Charakter der Afghanen in Betracht gezogen und wurden darum bald schrecklich enttäuscht. Afghanistan war überlaufen, aber nicht erobert. Dost Mohamed in hilfloser Lage jenseits des Oxus gab sich zwar den Engländern gefangen, aber

desto thätiger zeigte sich sein schlauer Sohn Akbar.
Derselbe stellte sich an die Spitze einer weitverzweigten Verschwörung, an die weder, trotz aller Anzeichen, der britische Commissär Alex. Burnes, noch Macnaughten, der britische Minister am Hofe zu Kabul, glauben mochten.

Macnaughten bezahlte mit englischem Gelde den königlichen Hofhalt Schujah-Schahs, die Beamten und kirrte die Häuptlinge durch Geld so, dass Afghanistan dem indischen Schatze fast jährlich 1,500.000 Pfd. Sterl. kostete. Die Regierung zeigte Macnaugthen an, dass die Verschwendung in solcher Weise nicht weiter gehen könne, und an demselben Tage, wo er den Häuptlingen die Geldzahlungen entzog, brach der Sturm los. Am 2. November 1841, mit Beginn des Winters, wo Hilfe von Indien unmöglich, erhob sich Kabul und das ganze Land gegen die Macht der meist in Kabul stationirten 8000 Mann europäischer Truppen und Sepoys; Burnes, Macnaughten und viele britische Officiere wurden ermordet.

Statt nun dem wilden Feinde durch Anwendung der immer noch beträchtlichen Waffenmacht Respect einzuflössen, setzten die entmuthigten britischen Anführer, namentlich der altersschwache, stets unentschlossene Elphinstone, ihre Rettung in Unterhandlungen und Verträge. Mit den afghanischen Häuptlingen, Akbar an der Spitze, war ein Vertrag zu Stande gekommen, wonach die Briten ganz Afghanistan räumen sollten; dagegen gewährten die Häuptlinge sicheres Geleit, Transport und Lebensmittel für den Rückzug. Auf Grund dessen verliess endlich die britische

Armee nebst dem gewaltigen Lagergefolge am 6. Januar 1842 Kabul, um sich durch den Kaibarpass nach Indien zu wenden. Eine strenge Kälte machte die schon traurige Lage noch hoffnungsloser. Auch blieben das Geleite und die Lieferung von Lebensmitteln aus. Zudem fielen die fanatischen Ghilzai und andere Stämme des Landes nacheinander über den Zug und plünderten und mordeten Frauen und Kinder, Bewaffnete und Unbewaffnete. Das Gros des britischen Heeres, Truppen wie Lagergefolge gegen 16.000 Mann, erlag der Kälte und dem Gemetzel der Afghanen. Eine Anzahl Officiere und mehrere Frauen wurden gerettet, indem sie sich Akbar freiwillig ergaben. Nur ein einziger Brite von Stande entging dem Tode, um die Trauerkunde nach dem englischen Hauptquartier zu bringen. Der General Sale, welcher mit einem schwachen Corps Dschellalabad besetzt hielt, konnte nichts unternehmen; auch schien die britisch-indische Regierung unter Lord Ellenborough keine Neigung zur Abrechnung zu haben. Doch General Nott zog von dem in britischer Gewalt gebliebenen Kandahar gegen Ghusni, das er, ohne viel Widerstand zu finden, am 6. September 1842 besetzte und, so blühend es auch war, vernichtete. Nach dem anderen Centralpunkte Kabul war indess General Pollock durch den Kaibarpass vorgedrungen, um dort mit Nott Mitte September zusammenzutreffen. Der Zerstörung dieses Platzes folgte die Zerstörung des Haufens Akbar's und die Befreiung der gefangenen Engländer. Afghanistan schien zerstört und desorganisirt genug, dass die britischen Feldherren im December den raschen Rückzug antraten, um das Land sich selbst zu überlassen. Man ging mit siegestrunkenem Leichtsinn so weit, mit den gefangenen Afghanen sogar Dost Mohamed selbst freizulassen: Aus Hindostan zurückkehrend, von der Lage der Verhältnisse daselbst gut unterrichtet, liess sich Dost Mohamed gern in Kabul als Retter der Stammehre empfangen und begann seine Herrschaft zu befestigen. Schon 1846 benützte er die Gelegenheit, um gegen England zu operiren. Er ging ein Bündniss mit den Sikhs ein. Doch vernichtete die Schlacht vom 21. Februar 1849 die Macht seiner Bundesgenossen und seine eigenen Hoffnungen, so dass er entmuthigt mit 16.000 seiner Krieger über den Indus zurückfloh. Trotzdem unternahm die britisch-indische Regierung nichts Entscheidendes gegen ihn, und Dost Mohamed fand vielmehr Zeit und Ruhe, sein eigenes Reich zu vergrössern und zu befestigen. Bis 1850 besass er nur die Provinzen Kabul und Dschellalabad, bis 1855 eroberte er Ghusni, Kandahar und Ghirischkh, 1856 Balch und Chulm, bis 1858 die Provinzen von Aktscha, Shibergan und Seistan, 1861 Kundus und Badakschan. Um zur Sicherung seiner Eroberungen mit den östlichen Nachbarn in's Reine zu kommen, hatte er bereits am 20. März 1855 mit der britisch-indischen Regierung ein Schutz- und Trutzbündniss abgeschlossen. Die Verwirrungen, welche mit Mohamed Khan's Tode (1852) in Herat eingetreten waren, wurden bedenklich. Nach diesem regierte dort sein Sohn und eine Reihe von Usurpatoren bis zum folgenden Jahre. Unter Führung des Duranai-Häuptlings

Rahudil-Khan bedrohten die Afghanen Herat, dessen Herr, der Ber-Duranni Isa-Khan, die Hilfe der Perser anrief, und diese warfen 1856 eine Armee nach Herat hinein. Diese Verletzung der Verträge zwischen Persien und England veranlasste ein Einschreiten Englands, das unter General Outram Kriegsschiffe in den Persischen Meerbusen schickte, und darauf räumten die Perser wieder im Juli 1857 Herat. Die Macht daselbst fiel nun an den Barakzai-Häuptling Sultan Achmed Khan. Bei solcher Lage der Dinge bedurfte Dost Mohamed einer Sicherung der Grenzverhältnisse und suchte deshalb auch die Beziehungen zu England noch mehr zu befestigen. Dost Mohamed schloss im Januar 1857 ein neues Bündniss mit der britisch-indischen Regierung, als deren Vertreter der Gouverneur von Pendschab, John Lawrence, unterhandelte.

Eine britische Gesandtschaft, Lumsden und Bellew, welche die Bewegungen der Perser überwachen und den neuen Emir bei Organisirung seiner Macht unterstützen sollte, konnte sich zwar durch eigenen Augenschein von der feindseligen Stimmung der Afghanen gegen England überzeugen, doch fielen während des Aufstandes in Indien keine Vertragsverletzungen vor. Die Ruhe des afghanischen Reiches, das im Ganzen an Wohlstand zuzunehmen begonnen, wurde indess gestört, als 1860 Sultan Ahmed Khan von Herat mit dem bei den Afghanen sehr beliebten Afzal Khan von Kundus, dem Sohne Dost Mohamed's, wegen einiger Districte von Ghardschistan und Tokharistan in Streit gerieth, doch wusste Dost Mohamed au-